Escreva
DIREITO

CIP-BRASIL. CATALOGAÇÃO NA PUBLICAÇÃO
SINDICATO NACIONAL DOS EDITORES DE LIVROS, RJ

L515e   Ledur, Paulo Flávio
           Escreva direito : pecados da linguagem jurídica / Paulo Flávio Ledur. – 2. ed. – Porto Alegre [RS] : AGE, 2025.
           200 p. ; 16x23 cm.

           ISBN 978-65-5863-118-7
           ISBN E-BOOK 978-65-5863-119-4

           1. Linguagem – Direito. 2. Língua portuguesa – Gramática. I. Título.

      22-77182   CDD: 469.5
                              CDU: 811.134.3'36

Meri Gleice Rodrigues de Souza – Bibliotecária – CRB-7/6439

PAULO FLÁVIO LEDUR

Escreva
DIREITO

Pecados da linguagem jurídica

2.ª edição

PORTO ALEGRE, 2025

© Paulo Flávio Ledur, 2022.

Capa:
Nathalia Real,
utilizando imagem do Freepik.com

Diagramação:
Nathalia Real

Supervisão editorial:
Paulo Flávio Ledur

Editoração eletrônica:
Ledur Serviços Editoriais Ltda.

Reservados todos os direitos de publicação à
EDITORA AGE
editoraage@editoraage.com.br
Rua Valparaíso, 285 – Bairro Jardim Botânico
90690-300 – Porto Alegre, RS, Brasil
Fone: (51) 3223-9385 | Whats: (51) 99151-0311
vendas@editoraage.com.br
www.editoraage.com.br

Impresso no Brasil / Printed in Brazil

APRESENTAÇÃO

Um sonho, uma ideia, um projeto, um livro!

Apresentar um livro é desafio na arte de provocar a vontade da leitura, sem substituí-la. Tratando-se de livro cuja meta é ensinar, de Professor de Português, o desafio é maior; e mais ainda quando é uma grife de renome: PAULO FLÁVIO LEDUR, graduado em Letras e mestre em Linguística Aplicada, com várias obras publicadas, magnífico acervo, ao qual se soma o magistério em várias instituições, como na FAMECOS – Faculdade dos Meios de Comunicação Social da PUCRS, na Escola Superior da Magistratura (RS), na Escola Superior do Ministério Público (RS) e na Escola de Gestão Pública da FAMURS, entre outras. Destacam-se também suas atuações na direção da Editora AGE, do Instituto Estadual do Livro (RS), da Câmara Rio-Grandense do Livro e da Feira do Livro de Porto Alegre, que lhe valeram o troféu *Personalidade do Livro 1994*, da Câmara Rio-Grandense do Livro, e medalhas, como a Simões Lopes Neto, do Governo do Estado do Rio Grande do Sul, e a *Caio Prado Jr. de Editoração Cultural*, da União Brasileira de Escritores (RJ).

Com esse vasto currículo formado no imenso e admirável universo do conhecimento e da cultura, Paulo Flávio Ledur é "madeira de lei", como dizemos quando nos referimos a algo nobre. Não é apenas diferente, como faz a diferença.

Pois agora brilha, nesse universo, mais uma estrela a iluminar o presente contínuo dos obscuros e embaraçosos caminhos da linguagem do dia a dia. Todos devem empenhar-se em falar e escrever corretamente, em especial aqueles a quem a palavra é instrumento de trabalho. Queiram, ou não, também exercem a relevante função de ensinar. Devem edificar, e não emburrecer quem ouve ou lê.

Escreva Direito vai nesse norte. Contém repertório de expressões errôneas garimpadas na inesgotável jazida do quotidiano, utilizadas pelos que trabalham na mídia, pelos que exercem atividades públicas, amiúde detentores de mandatos populares, bem assim – é o foco especial da obra – pelos operadores do Direito (advogados, conselheiros, juízes, desembargadores e ministros). O autor seleciona infrações à língua a partir das suas percepções como ouvidor e ledor e igualmente da colaboração dos milhares de seguidores da sua participação, sob o título *Escreva Direito* (e daí o título da obra), na festejada publicação virtual *Espaço Vital*, mantida há décadas pelo Dr. Marco Antonio Birnfeld, advogado de nomeada.

"Lutar com as palavras – escreveu Carlos Drummond de Andrade em *O Lutador* – é a luta mais vã. Entanto lutamos, mal rompe a manhã."

E, a esses que, vítimas do modismo, saem a repetir sem ter noção do significado, convém lembrar Machado de Assis, que, na sua "Resenha ao Compêndio de Língua Portuguesa (por Vergueiro e Pertence)", publicada na revista *Crítica Literária* (1953), do Rio de Janeiro, afirma: "A influência popular tem um limite; e o escritor não está obrigado a receber e dar curso a tudo o que o abuso, o capricho e a moda inventam e fazem correr. Pelo contrário, ele exerce também uma grande parte de influência a este respeito, depurando a linguagem do povo e aperfeiçoando-lhe a razão."

A comunicação, escrita ou falada, é o talhe da ideia. É a sua configuração física. É fundamental usar a palavra conforme o seu significado no lugar e momento corretos. Se é verdadeiro que o bom texto é capaz de qualificar conteúdo ruim, também o é que o texto ruim desqualifica o conteúdo bom. Uma locução mal escrita ou falada, parafraseando o poeta Mário Faustino em *Vida Toda Linguagem*, é "coluna sem ornamento, geralmente partida". Enfim: toda a construção desmorona.

Pode-se dizer que *Escreva Direito* é um catecismo que, com base nos vícios de linguagem e erros, ensina como falar e escrever conforme as normas gramaticais. Resolve dificuldades que, se você ainda não as encontrou, vai encontrá-las. Apenas não sabe quando, e isso pode estar mais próximo do que você pensa.

Aproveite *Escreva Direito*, seja para aprender com os erros dos outros ou para não mais cometê-los, seja para não pensar uma coisa e escrever ou falar outra, dando o primeiro passo ao adentrar pelo portal do primeiro capítulo: "Sua excelência o significado".

Irineu Mariani
Desembargador do TJRS, ex-Professor de Direito Comercial na Escola Superior da Magistratura (RS) e no Curso de Pós-Graduação da UNOESC (Universidade do Oeste Catarinense). Autor dos livros *Contratos Empresariais, Empresa Individual de Responsabilidade Limitada*, e *Temas Comerciais e Empresariais*, além de vários artigos publicados em revistas especializadas. Ex-aluno do Curso de Composição e Regência no Instituto de Belas Artes da Universidade Federal do Rio Grande do Sul, compositor e maestro do Coral da Associação dos Juízes do Rio Grande do Sul durante quase duas décadas.

SUMÁRIO

Introdução 11

1. **Sua excelência o significado** 13

2. **Sintaxe e o cultivo das boas relações** 75
    2.1. Concordância verbal 75
    2.2. Colocação do pronome oblíquo 82
    2.3. Regência verbal 85
    2.4. Presença ou não de preposição em locuções 90
    2.5. Crase 92
    2.6. Pontuação 97
    2.7. Elementos de conexão 117

3. **Morfologia: os cuidados com a forma escrita** 119
    3.1. Pronomes 119
    3.2. Flexão nominal 123
    3.3. Flexão verbal 129
    3.4. Questões de grafia 135

4. **Estilo: a qualificação do texto** 151

5. **Quando não se escreve direito** 181

Referências 188

Índice alfabético 190

Índice onomástico 199

INTRODUÇÃO

Este livro tem origem na colaboração semanal, sob o título Escreva Direito, que mantenho há mais de três anos na festejada publicação virtual *Espaço Vital*, criada e mantida pelo advogado e jornalista Marco Antonio Birnfeld.

Ao reunir os textos das minhas 120 últimas colaborações, percebi que havia material de interesse dos profissionais do Direito e de outras variadas profissões, e que organizá-lo em forma de livro poderia auxiliá-los na sua tarefa diária de escrita. Aliás, grande parte dos assuntos abordados teve origem em consultas dos próprios leitores do *Espaço Vital*, conforme registra o livro.

Devido às variadas características dos itens abordados, cuja solução se encontra, muitas vezes, no exame de mais de um campo da gramática e da linguagem, a estruturação do livro se deu de forma livre, não seguindo o rigor das publicações normativas.

Além do Sumário, inserido no início do trabalho, que menciona as partes em que o livro se divide, incluo dois índices no final: o Índice Alfabético, cuja consulta permitirá que o leitor vá direto ao assunto de sua eventual dúvida, e o Índice Onomástico, em que se citam e localizam os nomes de escritores, gramáticos e leitores que seguem minha colaboração semanal.

Espero que esta publicação resulte em proveito, assim como me coloco à disposição para tentar sanar as dúvidas que certamente continuarão a existir, já que as línguas constituem estudo inesgotável.

Paulo Flávio Ledur
ledur@editoraage.com.br

1
SUA EXCELÊNCIA O SIGNIFICADO

A formação do significado

Antes de iniciarmos a elaboração de um texto, criamos um cenário, um contexto adequado ao que queremos expressar; a escolha das palavras e o seu arranjo vêm depois. O mesmo faz o pintor, que, antes de lançar mão dos pincéis molhados nas tintas, elabora mentalmente o quadro a ser produzido. Aliás, tenho a impressão de que todo processo criativo, em qualquer manifestação cultural, começa assim.

Voltando ao texto, é preciso saber que o sentido primário está nas palavras que o constituem, mas a riqueza maior do significado se encontra na relação que se estabelece entre elas e no contexto em que são inseridas. Com isso não se quer retirar o valor das palavras, até porque sem elas não há texto. O que se quer enfatizar é a importância de se estabelecer uma relação harmoniosa e produtiva entre elas. Talvez tenhamos aí perfeito exemplo para o velho ditado segundo o qual "a união faz a força". Em outras palavras, o significado de uma frase é muito mais do que a simples soma dos elementos que a constituem.

Exemplo: Dizer que alguém é um "grande jurista" é diferente de afirmar que ele é um "jurista grande". As palavras são as mesmas, mas o significado é muito diferente. Como se explica isso? Bastou alterar a ordem das palavras, ou seja, mexer na relação entre elas. No entanto, isso não seria suficiente se não fosse o contexto, se o leitor ou ouvinte não entendesse assim; é o que se chama de senso comum: autor e leitor percebem o mesmo significado. É exatamente aí, na exploração do contexto, que reside o poder maior da comunicação. O sentido primário das palavras é pobre; ricos são as relações e o contexto.

Vejamos mais alguns casos em que a armação da frase explora o contexto.

Quando procurado por um assassino confesso, uma das primeiras afirmações convictas do advogado pode ser esta: "Não, você nunca matou ninguém". É certo que a frase não pode ser interpretada ao pé da letra; é apenas um pedido veemente para que ele negue a autoria do crime. Explora-se, portanto, o contexto, mesmo que de forma sutil.

Diante da afirmação de um pai: "Meu filho é advogado, mas é correto", todos entenderão que o pai é preconceituoso, dizendo que os advogados não são corretos, mesmo que na frase não haja qualquer palavra dizendo isso. É o contexto o responsável pelo injusto dano causado a esses nobres operadores do Direito. Poderíamos enquadrar aqui o conceito segundo o qual comunicação não é o que se pensa dizer, nem mesmo o que se diz, mas, sim, o que é entendido.

Em tempos da pandemia imposta pela Covid-19, alguém poderia dizer: "Está ruim, mas está bom". Como assim? Se está ruim, não pode estar bom. Pode, sim. Quer o autor da frase dizer que o vírus está causando imenso mal, mas que, levando em conta o contexto, está bom por ele estar vivo.

Agora um exemplo de mau uso do contexto: os boletins médicos de pacientes em geral informam que "o quadro é estável". Essa informação não diz aos familiares se o paciente está bem ou mal, portanto não atende aos seus anseios de informação. Situação semelhante se dá se à pergunta: "É verdade que a situação do doente piorou?", a resposta fosse esta: "Absolutamente". Essa resposta seria vazia de significado, pois "absolutamente" é apenas elemento de reforço, faltando dizer sim ou não.

Outra situação em que, por questões contextuais, um simples cálculo matemático pode suscitar significados diferentes: o médico pode informar que o paciente tem 5% de possibilidade de sobreviver à cirurgia, como pode dizer que tem 95% de possibilidade de morrer. Do ponto de vista da fria matemática, a informação é a mesma, mas aposto que a família do paciente prefere a primeira informação. Por quê? Porque ela se refere à vida, e não à morte.

Quando o cliente do advogado lhe pergunta sobre as possibilidades de ganhar a causa, por mais improvável que seja, você nunca dirá a ele que é quase impossível, nem irá para o outro extremo informando que vai ganhar com certeza. Nem tanto ao céu nem tanto à terra. Talvez seja mais indicado dizer a ele algo assim: "Vamos fazer de tudo para ganhar".

Esses são alguns dos chamados "mistérios do significado", com que se ocupa a ciência da Sociolinguística. No dia a dia, os operadores do Direito, assim como outros profissionais, lidam com esses mistérios.

A evolução do significado

O significado das palavras não é permanente, pois acompanha variados contextos que levam em conta a evolução do homem, da sociedade e da cultura como um todo. Seu uso pode encolher, como pode expandir-se, às vezes mais, outras menos. Outras tantas, ele se modifica, adaptando-se às conquistas do conhecimento humano. Há também situações em que o comportamento humano interfere de forma significativa.

Quando se recorre a dicionário para obter o significado de determinada palavra, é preciso levar em conta esses e outros fatores, sempre considerando que a informação ali obtida não é precisa; muitas vezes os dicionários registram como sinônimos palavras de significados semelhantes, mas não necessariamente iguais, pois não levam em conta o contexto em que elas são usadas. Vamos analisar alguns casos:

▶ **Vilão:** Era o nome que se dava ao morador da vila, como se chamava o núcleo central das cidades antigas. Em virtude do indesejável comportamento de alguns moradores das vilas procurando enganar os habitantes da zona rural, a palavra passou a ter o significado pejorativo de hoje, estendendo-se às mais variadas situações.

▶ **Acender:** O sentido original e único era o de atear fogo, a forma primária de gerar luz. Com o advento da energia elétrica, em que não se emprega fogo, a palavra se adaptou ao invento, passando a significar também *ligar*.

▶ **Embarcar:** Derivando de *barca*, esta palavra tinha o sentido único de ingressar na barca, meio mais antigo de transporte de longa distância. Com o advento de outros meios de locomoção, como o automóvel, o ônibus, o trem e o avião, continuamos embarcando, mesmo que não seja em barca.

▶ **Ouvir / Escutar:** Os dicionários em geral dão as duas palavras como sinônimas, mas na realidade escutar é apenas a tentativa de ouvir, é acionar os órgãos da audição, enquanto ouvir consiste na concretização da percepção do som, da audição de fato.

▶ **Estrela:** Aí está um exemplo definitivo de ampliação e difusão do significado. Do sentido original de se referir ao ponto luminoso do firmamento, a palavra passou a significar tudo aquilo que brilha, seja real ou imaginário. Existe a estrela em qualquer atividade humana: cinema, esporte, área de negócios, Direito, magistério, jornalismo, etc. Até mesmo em momentos de dificuldade as estrelas aparecem, o que ocorre quando alguém, por exemplo, leva uma pancada que provoca muita dor, dizendo-se que viu estrelas...

As sutilezas do significado

Como já vimos, o significado das palavras não é permanente, pois acompanha variados contextos que levam em conta a evolução do homem, da sociedade e da cultura como um todo. Nesse sentido, fui provocado pelo criador e mantenedor do *Espaço Vital*, Dr. Marco Antonio Birnfeld. Disse-me ter aprendido desde o ensino básico sobre a diferença de sentido entre **mandar** e **enviar**. Que se deveria enviar ou remeter, e não mandar, a correspondência, e que quem manda é o general, o juiz, o que dá ordens. Aplicando-se isso às mensagens eletrônicas de hoje, os *e-mails*, sustenta Birnfeld que estes deveriam ser enviados, e não mandados, como frequentemente se usa.

Em termos gerais, dentro do rigor da origem e da precisão do significado dessas palavras, tem razão o Dr. Marco Antonio. Os textos administrativos, técnicos e argumentativos, como é o caso da linguagem jurídica, têm na precisão do significado uma de suas características essenciais. Em textos mais soltos, como os literários, por serem mais coloquiais e sujeitos às influências de contextos populares, a tendência é a utilização de formas menos precisas, situação em que os significados de diferentes palavras se aproximam, chegando ao ponto de se tornarem sinônimas. É o caso de *mandar* e *enviar*. Este último verbo parece ser formal demais para a linguagem coloquial, tendo seu lugar tomado pelo primeiro em situações em que isso não se admitia antes; resultado: hoje mais mandam do que enviam *e-mail*.

Isso se repete com muitas outras palavras. Sabemos todos, por exemplo, que *furto* e *roubo* expressam conceitos diferentes nas linguagens policiais e jurídicas, mas na linguagem coloquial essa diferença não existe, sendo usadas como sinônimos.

Esse tipo de sutileza na formação do significado das palavras é presente também nos verbos *dizer, falar, afirmar* e *informar*. *Dizer* e *falar* são palavras usadas também para *afirmar* e *informar*. Para afirmar e informar pode-se usar a fala e a escrita, mas não para dizer e, muito menos, para falar, em que se usa apenas a forma oral. Na linguagem coloquial, essas diferenças tendem a diminuir e em alguns meios e situações até mesmo a desaparecer.

Outro exemplo marcante da presença das sutilezas na formação do significado está na palavra *mandachuva*, formada pelo verbo *mandar* e pelo substantivo *chuva*. Se a língua portuguesa fosse ciência exata, essa formação não teria qualquer lógica, a não ser que se baseasse na crença de que é São Pedro que nos manda a chuva. No entanto, na linguagem figurada, da pragmática, conclui-se que o chefe goza de amplos poderes, a ponto de até mesmo poder mandar chuva.

Certamente os leitores já se defrontaram muitas vezes com casos de palavras em que ocorreu a participação de alguma sutileza na formação do significado.

A propósito, o advogado Antonio Silvestri lembrou-se de alguns casos em que ocorre adaptação de significado a novas situações em que as palavras são usadas. Observem:

▶ **Legal**: Como se nada tivesse a ver com a legalidade, exploramos uma sutil, quase imperceptível, semelhança e usamos na linguagem coloquial para dizer que está bom, está bem, tudo em paz, tudo tranquilo.

▶ **Achar**: Esquecendo que achar é resultado do ato de procurar, usamos com o sentido de ter opinião, de entender (é certo que procuramos em nosso cérebro...). Exemplos: Eu acho que existe vida fora da terra; acho que não vou; acho que não é assim. Em textos formais, como os argumentativos, este uso deve ser evitado, porque empobrece o argumento; se apenas acha, é porque não tem certeza, falta convicção.

▶ **Secar**: Argumenta Antonio Silvestri sobre a frase "A água do rio secou": "Mas existe água seca?". Antes que alguém pesquise sobre o assunto, corrija-se a frase: "O rio secou".

- Luz/lâmpada: Pedem para ligar a luz, mas o que se faz é ligar a lâmpada. Consagrou-se também acender a lâmpada, quando o sentido original de *acender* é atear fogo, forma mais antiga de fazer luz.
- Dar: Dizemos que *não deu* para superar o obstáculo. Não deu, ou não foi possível? Outra vez, a palavra assume novo significado.
- Cortar: Por semelhança com o sentido original, usamos *cortar* caminho, em vez de encurtar, abreviar. Qual a semelhança? Resposta: tudo o que se corta fica mais curto...

A ordem dos fatores altera o produto

Ainda pequenos, aprendemos nas aulas de Matemática que, na adição e na multiplicação, "a ordem dos fatores não altera o produto". De fato, na soma de dois diferentes números, não importa a ordem em que estejam, o resultado é sempre o mesmo: 2 + 3 = 5, assim como 3 + 2 = 5, o mesmo se dando na multiplicação.

No entanto, esse princípio matemático não se aplica às línguas, em que a ordem dos fatores pode alterar em muito o produto. Vejamos:

> Grande advogado / Advogado grande
> Bela advogada / Advogada bela
> Boa secretária / Secretária boa
> Bom velho / Velho bom

Os exemplos mostram que a inversão na ordem do substantivo em relação ao adjetivo altera em muito o significado produzido, constituindo importante recurso para quem se comunica. Essa mudança de sentido é inferida graças ao senso comum, à pragmática, não advindo do significado primário das palavras.

É padrão da língua portuguesa que o substantivo preceda o adjetivo, ao contrário do inglês, por exemplo, que tem o inverso como padrão: o inglês diz *quente cachorro* (*hot dog*), enquanto o português usa *cachorro-quente*. É a quebra desse padrão que gera a mudança no significado, que pode ser mais ou menos marcante.

Em regra, esse padrão só pode ser quebrado quando há a intenção de mudar o significado. Importante: essa razão tem que ser compartilhada com o interlocutor, o que se chama de senso comum. Não havendo razão, não se pode alterar a ordem padrão; nos exemplos a seguir não se aceitaria a inversão na ordem das palavras: servidor público, deputado federal, secretário-geral, diretor financeiro, juiz substituto, assessor jurídico, prefeito municipal.

Assim são as línguas: muitas vezes lógicas, outras não e outras tantas nem tanto. Na prática, o Direito também não é como as línguas? Claro, os dois têm algo importante em comum: o uso precede a norma, razão por que não constituem ciências exatas.

Hífen: marca de significado

O hífen em palavras compostas tem a função de marcar mudança no significado; em outras palavras, usa-se hífen em palavras compostas com a intenção de avisar o leitor de que ele não deve interpretar de acordo com o significado primário de uma ou do conjunto de palavras do composto. Alguns exemplos:

▶ **Dedo-duro**: sem hífen, seria referência a um dedo acidentado, provavelmente engessado; com hífen, o sentido é o do delator.

▶ **Primeira-dama**: sem hífen, faria referência à dama mais antiga do Município, do Estado ou do País; com hífen, faz referência à esposa da autoridade maior.

▶ **Primeiro-ministro**: sem hífen, estaria lembrando o ministro mais antigo, o primeiro a ser nomeado; com hífen, refere-se à autoridade maior dos regimes parlamentaristas.

▸ **Bem-vindo**: sem hífen, faria referência a um bem que veio, que chegou de algum lugar; com hífen, o sentido é o da saudação de boas-vindas.

▸ **Puro-sangue**: sem hífen, teria o sentido da presença de sangue apenas; um animal de puro sangue não teria ossos, pele, etc., mas apenas sangue; com hífen, o sentido é o de raça pura.

▸ **Segunda-feira**: este talvez seja o caso mais emblemático de emprego do hífen em palavras compostas. Ocorre que a palavra *feira* tem o sentido de descanso (daí *férias, feriado*); tanto é verdade que o primeiro dia de descanso seria a primeira feira, ou seja, o que se resolveu chamar de *domingo*. Portanto, se não usássemos hífen nos chamados cinco dias úteis da semana (de segunda a sexta-feira), esses dias seriam todos de descanso, quando, na verdade, são os dias tradicionalmente consagrados ao trabalho. Em outras palavras, o hífen nos livrou da vagabundagem nacional...

Operação Lava-Jato

Lava a jato é a grafia correta para designar o equipamento muito em voga para lavar paredes, pedras, assoalhos, máquinas muito sujas, empoeiradas, com limo, etc. O equipamento se caracteriza por expelir jatos de água fortes, capazes de remover qualquer sujeira.

Por semelhança, ou seja, para livrar o ambiente político brasileiro das sujeiras da corrupção, os idealizadores da operação se lembraram desse equipamento e lhe deram o mesmo nome. Assim, era de se esperar que a ação implementada pela Polícia Federal, em conjunto com o Ministério Público Federal, tivesse a mesma grafia do equipamento: *lava a jato*. No entanto, a preposição não foi utilizada, exigindo a aplicação da regra que define o uso do hífen em todos os compostos que tenham forma verbal como primeiro elemento. Portanto: *Operação Lava-Jato*. Outros exemplos em que se aplica essa regra: guarda-chuva, bate-boca, quebra-queixo, tranca-rua, mexe-mexe, arranha-céu.

Reserva mental ou simulação unilateral?

De provável uso exclusivo no âmbito do Direito, a expressão *reserva mental*, apesar de inicialmente parecer estranha, tem formação absolutamente lógica. *Reserva* diz respeito a algo guardado, escondido, secreto, reservado, de uso exclusivo de alguém. De sua parte, *mental* faz menção ao local em que esse algo está guardado, escondido, reservado.

Assim sendo, num contrato como o que envolve o caso de um atleta na sua relação com os clubes envolvidos, entende-se por reserva mental a situação em que um dos contratantes, de forma reservada, não revelada, tem a intenção de não cumprir o contrato.

O Código Civil brasileiro, em seu artigo 110, utiliza a expressão ao dispor que "a manifestação de vontade subsiste ainda que o seu autor haja feito a reserva mental de não querer o que manifestou, salvo se dela o destinatário tinha conhecimento".

De outra parte, dizem-me haver doutrinadores que preferem a denominação *simulação unilateral*. Entendo que esta expressão não está contemplada com a mesma clareza lógica em sua formação linguística, apesar de igualmente poder se referir a alguma coisa que alguém está escondendo, pois a palavra *simulação*, em seu significado primário, se refere àquilo que se afirma ser verdadeiro mesmo sabendo que não é.

É mais uma situação em que se confirma a máxima segundo a qual é o uso que faz a língua. Esse uso nem sempre segue a lógica da linguística como ciência exata. O significado não se compõe apenas das palavras em seu sentido original, primário – pobre, pode-se dizer. O contexto das relações humanas, em suas muitas e diversificadas amplitudes, interfere sobremaneira nesse significado, podendo ampliá-lo ou reduzi-lo, e até mesmo extingui-lo. Ao formar parcerias com outras, as palavras não apenas somam o significado que cada uma carrega, mas fazem crescê-lo geometricamente, graças ao que se infere. Com as mesmas palavras podem-se obter sentidos completamente diferentes, bastando seu uso ocorrer em situações e ambientes diversos ou em outra sequência, como ocorre, por exemplo, na comparação entre *grande jurista* e *jurista grande*.

Resumindo, as duas expressões, usadas em contextos iguais, podem significar o mesmo, em que pese uma delas ser mais precisa do ponto de vista da ciência linguística. De outra parte, nada impede que outras expressões surjam com o tempo e se imponham. Só o futuro dirá, porque a língua se faz pelo uso.

Altas autoridades

Em regra, os adjetivos têm antônimos, aqueles nomes de sentido oposto: bom/mau, cheio/vazio, fácil/difícil, etc.

Como as línguas são regidas por regras (que sempre têm exceções), e não por dogmas (que não admitem exceções), também aí encontramos situações em que a exceção justifica a regra. Exemplo claro encontramos entre as notícias sobre o processo de licitação que se tornou conhecido como a Suprema Farra das Lagostas, em que a quebra desse padrão se manifesta com muita força.

Na descrição do objeto da referida licitação, informava-se que as denominadas *refeições institucionais* destinavam-se a *altas autoridades*. Neste caso, o antônimo do adjetivo *altas* é *baixas*. Em oposição às mencionadas altas autoridades, quais seriam as baixas, as excluídas da possibilidade de participar dessas refeições? Onde estaria o limite entre as duas escalas de autoridades?

A dúvida em relação à questão cresce na aplicação da regra gramatical das iniciais maiúsculas, segundo a qual se usa inicial maiúscula na designação das altas autoridades. A norma gramatical também se omite na definição desse limite, nem menciona a existência de baixas autoridades. Aliás, essa subjetividade na regra acabou gerando usos extremos: os grandes veículos de comunicação adotam não usar inicial maiúscula na designação de qualquer autoridade, da mais alta a mais baixa, enquanto na prática das comunicações entre instituições, tanto públicas quanto privadas, adota-se o extremo de usar inicial maiúscula na designação de qualquer autoridade.

Na classificação das autoridades, portanto, o adjetivo *alto* não sofre a oposição do *baixo*. Curiosamente, situação oposta encontramos na expressão *baixo clero*, em que o heterônimo *alto clero* é rejeitado. Curioso é também o uso desse adjetivo na linguagem do futebol, em que se fala muito em *marcação alta*, mas não na estratégia oposta, a da *marcação baixa*.

Outra questão curiosa presente no processo licitatório em pauta é que ele prevê a presença do pato no cardápio, ingrediente que o distingue para o alto, já que só integra pratos requintados. Diferentemente do adjetivo *alto*, que sempre leva para cima, para o alto, o substantivo *pato* no caso da refeição eleva, mas em outro contexto conduz para baixo, para aquelas que seriam as baixas autoridades, os cidadãos comuns; enfim, para aqueles que *pagam o pato*.

Conclusão: o melhor dos significados não está nas palavras, mas nos contextos em que ocorre seu uso.

O verdadeiro sentido do despejo

Manchete estampada em jornal paulista: "Naji Nahas será despejado de mansão do jantar para Temer". Segundo a notícia, a decisão da Justiça deixou o empresário desocupado na mansão. O equívoco com o uso do verbo *despejar* está tão consagrado que todos entenderam o que o jornal quis informar: que Nahas foi retirado de sua mansão, ou seja, que a mansão foi despejada, desocupada, e não seu morador.

O verbo *pejar* tem o sentido de ocupar, encher. *Despejar* significa o inverso: desocupar, desencher. O que é que foi desocupado? Resposta: a mansão, e não seu ocupante. Enfim, as ações de despejo são sempre contra o ocupante do imóvel, mas o despejado (desocupado, desenchido) é o imóvel.

A consagração de erros referentes ao significado das palavras me remete ao famoso discurso do cônsul romano Marco Túlio Cícero contra Catilina; irado, lá pelas tantas, exclamou com todo o vigor: "Quousque tandem, Catilina, abutere patientia nostra?" ("Até quando, Catilina, abusarás da nossa paciência?").

Bairro Centro?

Outro uso que é preciso reparar, por constituir paradoxo, diz respeito a considerar o centro das cidades como mais um bairro. A denominação *bairro* surgiu justamente para se opor a *centro*; ou se está no centro da cidade, ou em algum bairro. Portanto, não se pode chamar o centro de bairro.

Não se deve confundir essa denominação equivocada com *Centro Histórico*, uma referência à área de maior efervescência social, cultural e econômica em tempos idos, mas que necessariamente já não é mais. Chamar essa área de *Centro Histórico* é correto por fazer alusão à história da cidade.

Também existe a expressão *bairros centrais*, corretamente utilizada para diferenciar dos bairros mais distantes. Mais uma vez é bom lembrar que as línguas não são ciências exatas, ou seja, nem sempre se utilizam de soluções lógicas; muitas vezes, o significado das palavras vai se adaptando a novas situações. Claro que há limites, estes definidos sempre pelos usuários.

Como entender o regulamento do ICMS?

Frase que ouvi do Desembargador Irineu Mariani: "Entender a Física Quântica é fácil; difícil mesmo é entender o Regulamento do ICMS do Estado do Rio Grande do Sul". Cita como exemplo dessa complexidade o artigo 32 do referido regulamento, que é formado por 135 incisos, sem contar as muitas notas de rodapé que explicam esses incisos.

Fico a me perguntar: se o Dr. Mariani, destacado especialista em assuntos do Direito Comercial e seus arredores, enfrenta tão grande dificuldade, o que será dos milhares de operadores do Direito que atuam eventualmente nessa área? E os leigos no assunto, como se sentirão?

Inconteste / Incontestável

É cada vez mais frequente o uso indevido de *inconteste* em substituição a *incontestável*. O artigo 1.878 do Código Civil usa a palavra *conteste* na expressão "se as testemunhas forem contestes", fazendo-o com o sentido de confirmativas, de se harmonizarem testa com testa, que concordem entre si, que confirmem o mesmo fato. *Inconteste*, então, é o contrário, o que não é conteste, o que é discordante, contraditório.

De outra parte, *incontestável* é sinônimo de *irrefutável, irretorquível*, que não pode ser contestado. Portanto, as duas palavras têm significados completamente diferentes.

No entanto, não é isso o que ocorre na prática. Dentro e fora do ambiente forense, a expressão *prova inconteste* é usada com crescente frequência no sentido de *prova incontestável*, congruente, firme, quando, na verdade, tem o significado de prova contraditória, não harmoniosa, portanto em total confronto com o sentido que pretende alcançar quem a usa.

O saudoso Prof. Adalberto Kaspary, em seu livro *Habeas Verba: Português para Juristas* (Livraria do Advogado), reforça o que se sustenta aqui, acrescentando: "Em linguagem técnica, como é a do Direito, exige-se precisão, exatidão no emprego dos termos".

Meritoriamente

Outro caso de uso indevido é o do advérbio *meritoriamente* em frases como "meritoriamente, a sentença deve ser reformada", que aparece no dia a dia dos arrazoados processuais. Sem dúvida, o uso desse advérbio acaba por introduzir sentido paradoxal, contraditório, na afirmação. Se a sentença é meritória, não há razão alguma para sua reforma; pelo contrário, deve ser confirmada.

Confunde-se meritório com mérito. Meritório é o que tem mérito, que, por sua vez, em Direito, se refere "à questão central numa pendência, ou num conjunto de fatos e provas que orientam a formação de uma decisão judicial ou administrativa" (*Dicionário Houaiss*).

Certamente, quem usa *meritoriamente* nesse contexto tem a intenção de se referir ao mérito da sentença. Deveria, portanto, optar entre expressões como "Quanto ao mérito", "Em relação ao mérito", "Com respeito ao mérito", entre outras.

Em desfavor

Certa vez, alguém do ambiente forense resolveu inovar e escreveu: "Fulano vem ajuizar em desfavor de Beltrano...", em vez de "contra Beltrano". A forma caiu no gosto e se generalizou na linguagem jurídica também em expressões como "recorrer em desfavor de" e "apelar em desfavor de", entre outras. Seu uso se alastrou entre advogados, promotores, juízes, desembargadores e até ministros. Quem se manifesta contrariamente a esse uso – e com razão – é o Desembargador Irineu Mariani, do TJRS.

Segundo os dicionaristas, *desfavor* significa desgraça, desdém, desprezo, desconsideração, malquerença, inimizade. Sabe-se que não são esses os sentimentos que levam alguém a ajuizar, recorrer ou apelar, não sendo, portanto, formas adequadas à linguagem sóbria, culta e lógica que se recomenda nos arrazoados e nas decisões judiciais.

Em regra, essas inovações indevidas se dão pela necessidade imperiosa que se tem de mudar, de fugir do vocabulário comum, consagrado, usado pela maioria. Entre os profissionais do Direito, essa necessidade parece ser mais veemente que em outras áreas do conhecimento. Além do perigo de se cair no uso de palavras com sentido inadequado, a elaboração de um bom texto se dá pela forma que ostente sentido claro e preciso.

Exemplo disso nos deixou o grande poeta Mario Quintana. Lê-se sua obra completa e não se encontra uma palavra que nos obrigue a ir ao dicionário ou que esteja usada em sentido inadequado. Seu grande mérito está nas ricas relações que cria entre as palavras simples que usa. Exemplo clássico disso está no verso "enquanto eles passarão, eu passarinho", em que conecta o futuro verbal *passarão* com o aumentativo de *pássaro*, contrapondo-o ao diminutivo da mesma palavra, com o que nos fornece precioso exemplo de criatividade no estabelecimento das relações vocabulares.

O segredo está, portanto, no modo como se estabelecem as relações entre palavras de domínio público. É claro que cada área tem seus jargões, seus termos técnicos, cujo uso favorece o entendimento entre os especialistas do meio, devendo por isso ser privilegiado. No entanto, não é o caso em foco.

Em face de / Contra

O consultor de empresas Paulo Américo de Andrade manifestou-se sobre o verdadeiro significado da expressão *em face de*, cujo uso considera equivocado na acepção de *contra*, que "a lei processual fala em propor-se ação CONTRA. E ponto-final."

Não podemos esquecer que as línguas não são ciências exatas; suas regras não são simples operações de soma, subtração, multiplicação ou divisão. Ao expressar um pensamento, joga-se com muitos ingredientes, alguns mais ou menos objetivos, outros mais ou menos subjetivos. Antes desse *ponto-final*, há variadas questões a serem analisadas.

De outra parte, os legisladores responsáveis pela elaboração da lei processual, sabendo disso, certamente não têm a intenção de impor o uso de vocábulos únicos para cada situação. Como não tenho formação jurídica, mais uma vez me socorro do eminente Desembargador Irineu Mariani, do TJRS, que assim esclarece sobre o assunto:

> O modo legal sempre foi e é *ajuizar contra*; por exemplo, no Código Civil de 1916 e no atual, de 2002, assim como no antigo Código de Processo Civil, de 1973, e no atual, de 2015. O uso da expressão

em face de provém da teoria mais moderna de Processo, chamada *da angularização*, segundo a qual a ação é ajuizada contra o Estado, pois este é o devedor da prestação jurisdicional. Então, na realidade, o autor ajuíza contra o Estado em face do réu. Por isso, embora não seja a prevista em lei, a expressão *em face de* não está equivocada. Tem origem na teoria da angularização do processo.

Dias úteis

Consideram-se úteis todos os dias da semana, excetuados os sábados, os domingos e os feriados. É esse o sentido da expressão, consagrado e reconhecido por todos, mesmo que não se considerem inúteis os demais dias, em especial nos dias de hoje, em que muitos trabalhadores, voluntária ou involuntariamente, têm incluídos os sábados, domingos e feriados entre seus dias de trabalho. O próprio CPC de 2015 acolhe a expressão *dias úteis* no *caput* de seu artigo 219.

Pessoa humana

É certo que não há pessoa que não seja humana, ou seja, que não pertença ao gênero humano. Em outras palavras, a nenhum outro ser se atribui essa condição. Portanto, para se referir ao ser humano basta dizer *pessoa*. Conclui-se que, teoricamente, há redundância no uso da expressão *pessoa humana*.

No entanto, isso vale para as ciências exatas. No Direito, o uso da expressão é oficialmente reconhecido na legislação, a começar pelo inciso III do artigo 1.º da Constituição Federal de 1988, ao caracterizar a "dignidade da pessoa humana". A partir do exemplo da nossa Lei Maior, o uso se alastrou para áreas específicas do Direito e para toda a linguagem jurídica.

Por certo, o legislador levou em conta a existência do conceito de pessoa jurídica em oposição ao de pessoa física.

A polissemia de *meio*

Um amigo me indagou sobre a quantidade de significados que poderia ter a palavra *meio*. Minha resposta foi de que seriam muitos. Disse-o sem pensar, mas estava certo. Acompanhe o leitor:

- Estava MEIO confuso: aqui *meio* é advérbio, significando *um tanto*. Como advérbio, não flexiona para o feminino nem para o plural; afinal, como todos já decoraram, o advérbio é invariável.

- Trata-se de um MEIO corrupto: agora tem função de substantivo. Como substantivo, pode ter variados significados e ter flexão de gênero e de número: Os meios em que atua como advogado. É o único meio legal para se obter o benefício. Os meios de comunicação denunciaram o fato.

- Como advogado, pago MEIA-entrada: a função é de adjetivo, com o sentido de metade. Neste caso, também pode flexionar em gênero e número: meias-entradas. Outros exemplos: meio quilômetro, meio quilo, meia-verdade, meio-campo, meio-dia, meia-noite.

- O código de área é MEIA um (61): Aqui é numeral, apesar de na origem ser adjetivo, pois se refere à metade de uma dúzia.

Esmiuçando significados intermediários ou próximos desses, outros serão identificados, graças à flexibilidade das palavras em se adaptar a contextos diferentes. Essa polissemia é característica marcante da nossa língua, diferentemente de outras em que o significado é mais engessado.

Muito ou bastante?

Comparem-se as seguintes frases:

> Dra. Márcia investigou muito.
> Dr. Anselmo investigou bastante.

Quem investigou mais, Márcia ou Anselmo?

Na minha percepção, Márcia investigou mais que Anselmo; em outras palavras, *muito* é mais do que *bastante*. É possível que nem todos concordem, que nem todos tenham essa percepção, mas nas minhas relações a maioria das pessoas concorda.

Daí a pergunta: se significa menos que *muito*, por que *bastante* virou preferência nacional, inclusive na linguagem jurídica? Lembro que outro dia um repórter de rádio, num boletim de dois minutos, utilizou seis vezes a palavra *bastante* com o sentido de *muito*.

A rigor, esse uso, além de enfadonho e de causar prejuízo ao vigor do significado, é indevido se examinarmos o sentido original da palavra. Na origem, *bastante* significa *suficiente*, como nestes exemplos:

> *Bastante procurador / Bastantes procuradores* (suficiente procurador / Suficientes procuradores).
> *Estudou o bastante* (suficiente) *para ser aprovado.*

Com o tempo, *bastante* caiu no gosto, tanto no meio popular quanto no culto, assumindo o sentido de *muito*.

Como resulta em desvantagem quando usado com o sentido de *muito*, recomendo que se reserve *bastante* apenas para utilização com o seu significado original.

O uso correto do verbo *possuir*

O verbo *possuir* tem *poss-* como raiz, a mesma de *posse, possessão, posseiro, possessivo*, entre outras palavras. Portanto, é com esse sentido que se deve empregar o verbo *possuir*; caso a informação não tenha a carga semântica de *posse*, seu uso deve ser evitado.

A linguagem jurídica sempre se esmerou na busca de formas eruditas, mais rebuscadas, razão por que optou por *possuir* em vez do singelo *ter*, de *contar com, deter,* etc. Pela mesma razão, sempre se utilizou de expressões latinas e de formas como *em desfavor* em vez de *contra; eis que* ou *posto que* em vez de *porque*, etc.

Recomendo aos profissionais do Direito que reservem o uso de *possuir* para os casos que realmente se referem à posse de algo. Exemplos: *possui* muitos bens; *possui* rara inteligência; *possui* valiosa biblioteca. Sugiro que o evitem em casos como:

▸ *possui* ótimos filhos, optando por *tem*, pois os filhos não são posse dos pais;

▸ a empresa *possui* excelentes profissionais, trocando por *conta com*;

▸ a indústria *possui* moderna tecnologia, optando por *detém*, ou *emprega, utiliza, domina*;

▸ a instituição *possui* diversos cursos de pós-graduação, preferindo *oferece*.

Sintetizando: a precisão vocabular exige o uso de palavras ajustadas a cada caso. Aproveito para lembrar que o texto moderno tem como prioridades a clareza, a objetividade, a concisão e a precisão, qualidades que o afastam do complexo e do prolixo, e o aproximam do simples e do direto.

O verdadeiro significado de *repercutir*

É comum ouvirmos e até mesmo lermos frases como:

> O evento vai repercutir a decisão do STF.
> No próximo segmento, vamos repercutir essa notícia.
> Faremos a repercussão dos fatos.

Como se vê, nesses exemplos, *repercutir* e *repercussão* estão sendo usados como algo que vai realizar uma ação, causar algo, significados que essas palavras não carregam. Que tal optar por *analisar*, *examinar, debater, discutir,* ou pelos substantivos derivados: *análise, exame, debate, discussão.*

Reproduzir, refletir, causar efeito ou impacto, ecoar, fazer sentir e assemelhados são os legítimos significados do verbo *repercutir* e das palavras dele derivadas. Exemplos:

> A decisão repercutiu mal entre os advogados.
> A notícia repercute no mundo inteiro.
> O bom espelho é aquele que repercute a verdade.
> A repercussão foi imediata.

Como se pode observar, a repercussão é sempre consequência, reflexo de uma ação, de um fato, mas nunca provoca nem causa qualquer efeito. É mais um exemplo que comprova a necessidade de permanente atenção em relação àquilo que se comunica.

A priori / A posteriori

Por parecerem eruditas – e podem até ser –, as expressões *a priori* e *a posteriori* vêm sendo usadas, com crescente frequência, de forma equivocada, pois usam-nas com os simples sentidos de *depois* e *antes*, respectivamente, quando não é esse o seu real significado. Isso ocorre em frases como estas: Realizou seu desejo *a posteriori*. *A priori*, informou que não participaria do evento.

Em *a posteriori,* subentende-se uma experiência com o apoio da qual, ou em decorrência dela, se realiza algo depois. Quando se diz, por exemplo, que o magistrado decidiu *a posteriori*, é porque a decisão se apoiou na análise dos fatos e nas suas experiências anteriores.

Em *a priori,* as coisas se invertem: contém o sentido de algo que se realiza antes de uma experiência, ou que a própria experiência não pode explicar. É a aceitação dos fatos independente da experiência. Quando o magistrado sentencia *a priori* é porque o faz sem o exame dos fatos, ou por sua aceitação incontestável, ou porque se trata de decisão provisória a ser posteriormente confirmada, ou não.

Desse uso equivocado se deduz: antes de optar por determinada palavra ou expressão, é preciso dominar por completo seu real significado, sob pena de passar por ridículo.

Dação / Doação

A partir de um decreto de dação de terrenos assinado pelo Governador do Estado, leitor pergunta se não seria mais adequado usar *doação* em vez de *dação* e se as duas palavras são sinônimas.

São coisas semelhantes, mas não iguais. Na linguagem jurídica, segundo entendo, o correto é usar *dação* quando se dá alguma coisa em troca de outra; se ocorreu isso, a utilização da palavra está correta. Na doação não há contrapartida.

O bar que não é bar

Bar Association é a denominação da Ordem dos Advogados nos Estados Unidos. Mas, o que o bar teria a ver com a entidade que congrega os profissionais do Direito? Por acaso seria um incentivo à bebida, ao alcoolismo? Ou uma insinuação de que a frequência aos bares é marca dos advogados?

Calma! Não é nada disso, mas bem que poderia ser... Consta que a palavra *bar* surgiu na Inglaterra nos idos de 1590 para designar a barra existente no balcão dos estabelecimentos especializados em oferecer bebidas alcoólicas. A função dessa barra era impedir que os clientes se debruçassem sobre o balcão e atrapalhassem a ação do *barman*.

Com o tempo, a polissemia da palavra proliferou, tudo porque o bar é também local que se presta para confraternização, reunião, debate, congregação, para colocar as ideias em ordem, enfim. Resultado: a palavra passou a ser usada para os mais variados significados e nas mais distintas áreas do conhecimento e da ação do homem, em especial na língua inglesa. Na linguagem jurídica, por exemplo, *bar* pode ser usado para designar foro, corte de justiça, tribunal e, claro, a própria profissão de advogado, advindo daí a designação de Bar Association para a Ordem dos Advogados americana.

Portanto, os advogados frequentadores de bares não precisam se constranger, mas, claro, entender que a Bar Association, apesar da origem da palavra, tem as mesmas nobres funções da nossa Ordem dos Advogados. Em síntese, todos à Bar.

Quarentena de 14 dias?

Diversos leitores manifestaram sua contrariedade em relação ao uso da palavra *quarentena*.

Assim como *novena* deriva de *nove* e *dezena*, de *dez*, *quarentena* vem de *quarenta*. Nenhuma dúvida sobre isso. Assim, quarentena refere-se a um período de quarenta dias, originalmente o tempo em que, em passado longínquo, viajantes provenientes de lugares com doenças contagiosas ou epidemias ficavam isolados ou proibidos de frequentar certos lugares, para evitar contágio.

A palavra surgiu na Europa quando o Velho Continente foi atingido pela peste bubônica, que vitimou mais de um terço da população europeia. Convicto de que a peste vinha do mar, o governo de Veneza, no ano de 1403, determinou que todas as embarcações ficassem isoladas durante 40 dias, impedindo os passageiros de desembarcarem antes desse período de quarentena. Por que 40 dias? Há dúvidas, podendo ser alusão aos 40 dias:

- da Quaresma, período em que os cristãos jejuam e fazem penitência;
- que Jesus passou no deserto antes de ser tentado pelo demônio; e/ou
- do pós-parto, em que as mães recebiam cuidados especiais.

Depois a palavra passou a ser usada para as mais variadas situações, podendo referir-se, entre outros casos, às 72 horas em que ficavam isoladas as pessoas vindas da Ásia por ocasião da chamada *gripe do frango*, assim como aos 14 dias de isolamento exigidos em relação ao novo coronavírus, tempo reduzido para seis dias com o advento da variante ômicron. Enfim, a quarentena já não é mais de quarenta dias.

Então, por que a terminologia não se adaptou às novas situações? Apesar de serem ciências, as línguas não são ciências exatas. Quem define o uso e o significado das palavras não são os gramáticos nem os dicionaristas, seus cientistas, mas o usuário. Este, em regra, segue a lógica, mas nem sempre. Em vez de trocar de palavra, que seria o lógico, a palavra é que se adapta à nova realidade, estendendo seu significado.

Vírus, bactéria, germe, bacilo, peste...

A Covid-19 é causada por vírus, como todos sabem. Diversos leitores do Escreva Direito perguntaram por que é chamado de vírus, pedindo para esclarecer a diferença entre vírus, bactéria, germe, bacilo e peste. Vou tentar fazê-lo da forma sintética, sem pretensão de rigor científico, até porque não tenho formação na área.

▶ Vírus: A palavra *vírus* já era usada no século 18 com os sentidos de veneno e pus, assumindo o significado atual no final do século 19, período em que surgiram novos vocábulos, como *bactéria, germe, bacilo, peste*, entre outros menos votados. Antes disso, no século 17, o holandês Leeuwenhoeck chamava-os de *animaizinhos*, seguindo-se a denominação *micróbio* (*micro* = pequeno; *bios* = vida, ou seja, pequena vida), denominação genérica usada até hoje.

O uso da palavra *vírus* se difundiu de forma acelerada e difusa, a ponto de certas doenças de origem incerta serem chamadas de viroses, mesmo no meio médico. Estendeu-se ao revolucionário mundo da tecnologia da informação, em que as coisas *viralizam*, ou seja, difundem-se rápida e intensamente. Os próprios *hackers* atuam espalhando os famigerados vírus eletrônicos no mundo da computação. Como se pode deduzir, a difusão rápida e intensa é característica marcante no conceito moderno de *vírus*.

▸ Bactéria: Trata-se de um micro-organismo essencial no processo de decomposição de matéria orgânica, havendo subespécies patogênicas. O vocábulo difundiu-se a partir das descobertas do biólogo francês Luis Pasteur, que possibilitaram a pasteurização, que impede a ação das bactérias. Comparando com os vírus, ambos causam doenças, às vezes fatais, mas do ponto de vista biológico são diferentes, pois enquanto bactérias são organismos vivos, vírus não passam de partículas infecciosas.

▸ Germe: É o estágio inicial do desenvolvimento de qualquer organismo, podendo ser patogênico ou não.

▸ Bacilo: É o nome dado às bactérias em forma de bastão. Os bacilos ficaram famosos por causarem doenças como a tuberculose, cujo agente é mais conhecido como bacilo de Koch. Há alguns anos, o *Bacillus anthracis*, que transmite a letal infecção antraz, ganhou notoriedade como arma bacteriológica na mão de terroristas. Mesmo assim, a grande maioria dos bacilos, como os outros tipos de bactérias, não são nocivos.

▸ Peste: A rigor, peste é a denominação dada à doença infectocontagiosa provocada pelo *Bacillus pestis*, transmitido ao homem pela pulga do rato, que acarreta grande mortandade, como foram os casos das pestes bubônica, negra e suína. Devido ao seu alto grau de destruição de vidas, o uso da palavra *peste* se alastrou, passando a denominar tudo o que não presta, sendo usada até mesmo em relação a inocentes crianças: "Este menino é uma peste". É mais um rico exemplo de polissemia.

A princípio / Em princípio

Tem razão o jornalista Joabel Pereira: as pessoas, em regra, usam as duas expressões como se fossem sinônimas, quando, na verdade, têm sentidos diferentes. Enquanto *em princípio* tem o mesmo significado de *em tese* – esta substituindo aquela com vantagem –, *a princípio* significa para iniciar, para principiar.

Não é a mesma situação das expressões *em nível de* e *a nível de*, que vêm sendo usadas como sinônimas. Aproveito para esclarecer que a única forma correta das duas é *em nível de*, por se referir a situações estáticas, com o sentido de *no*. Por exemplo, por que *em nível de Brasil*, se posso simplificar para *no Brasil*?

Eminente / Iminente

Devido à semelhança de grafia, é cada vez mais frequente a escolha entre as duas palavras recair sobre a forma errada, deturpando por completo o significado: *Eminente* é usado para elevar, distinguir: Eminente Senhor Juiz. *Iminente* é referência a algo que está por acontecer: A decisão do Tribunal é iminente.

Desvios e contradições

Há expressões que se consagram apesar de conterem contradições, empobrecimentos ou desvios de significado. Alguns casos:

▶ **Salvo melhor juízo...** Expressão consagrada com que se encerra a maioria dos pareceres emitidos por especialistas das mais variadas áreas técnicas, científicas e administrativas, em especial nos diversos campos do Direito. É tão consagrada que há muito virou sigla: SMJ. Examinando o real significado da expressão, percebe-se de imediato ser inadequada a um parecer, em função de não demonstrar firmeza por parte do especialista, pois declara a possibilidade de haver outros que possam fazer juízo melhor. Admitir isso pode passar insegurança ao leitor interessado nos efeitos do documento. A origem da expressão certamente se deu por questão de modéstia, por sinal desnecessária e excessiva, que constitui a *falsa modéstia*. Sugere-se expressão mais fidedigna e que não fere a modéstia: "É meu parecer".

▶ **A Justiça tarda, mas não falha.** Este é outro exemplo de frase aceita e consagrada, apesar de conter contradição, em especial quando se leva em conta o espírito de pressa que move a humanidade nos tempos modernos. O fato de tardar já não representa falha?

▶ **Andar a passos largos.** Para quem pensa que o português sofre influência apenas do inglês, aí está um exemplo de espanholismo; o espanhol usa *largo* no sentido em que o português utiliza *longo*; assim, o certo seria dizer que se anda a passos longos. Aliás, de alguma forma, este consagrado equívoco expressa fato comum nas obras públicas realizadas em nosso País: em vez de andarem para frente, o fazem para os lados. Em outras palavras, a consagração dessa expressão pode ter ocorrido por ato falho...

▶ **RSVP.** A maioria das pessoas, mesmo as cultas, sabe o que quer dizer esta sigla, mas desconhece sua origem. Pois são as iniciais da frase francesa "Répondez s'il vous plaît" (Responda, por favor). Por mais consagrada que seja e ainda que pareça requintada no conceito de muitos, esta forma está sendo abandonada aos poucos. Considero-a uma afronta à cultura nacional. Por mais que se goste da língua francesa, o nosso idioma é o português. Sugestão: "Favor confirmar presença". Quem sabe no futuro não se consagre a sigla "FCP"...

Em torno do Dia do Advogado

▶ **Formação da terminologia:** A formação da palavra *advogado* se dá a partir do verbo latino *vocare*, que tem o significado de chamar; soma-se ao verbo o prefixo *ad*, que agrega o sentido de aproximação, de algo perto; *advocare*, portanto, é *chamar para si*. É o que faz o advogado: chama para si a causa de outro, assume questões alheias.

A partir daí, formou-se variada terminologia para abranger o universo da atividade, algumas mantendo a letra *c* e outras modificando-a para *g*: advocacia, advogado, advogar, advocatícia, entre outras menos usadas. Essa adaptação, comum na formação do vocabulário das línguas em geral, se dá de forma espontânea, seguindo a preferência do usuário culto, e não radicais regras linguísticas de formação. É comum também subsistirem duas formas, entre as quais, com o tempo, uma tende a se sobrepor. É momento de lembrar novamente que as línguas não são ciências exatas, pois nem sempre seguem princípios lógicos na sua formação.

▸ Advocacia ou advgacia? As duas formas são aceitas, mas hoje predomina, quase de forma absoluta, a primeira.

▸ Advogado ou advocado? Neste caso, não há opção. Quis o usuário culto que imperasse a primeira. Suspeita-se que essa preferência foi influenciada por uma razão histórica: até a Idade Média, *avogado* era o nome dado aos defensores de comunidades religiosas e de abadias. Isso certamente influenciou a forma que se consagrou no espanhol: *abogado*.

E **adevogado**? Forma que se ouve com frequência em alguns meios populares, é exemplo definitivo da dificuldade que têm os falantes de língua portuguesa, essencialmente vocálica, de pronunciar as consoantes mudas. Diante dessa dificuldade, o falante se defende inserindo uma vogal. Outros exemplos recorrentes: eu me *indiguino* (em vez de *indigno*), *pissicologia* (em vez de *psicologia*), *rítimo* (em vez de *ritmo*). Aliás, já ouvi de algumas línguas (não eram más línguas...) que todo *adevogado* é mau advogado...

Paciente ou réu?

Sabemos que as palavras não têm sentido único nem mantêm seu sentido original como bem permanente. Novos contextos vão agregando novos significados. Sabemos também que a cultura que sustenta a formação de uma sociedade interfere diretamente na formação de diferentes significados, razão por que o sentido de centenas de palavras diverge completamente entre Brasil e Portugal, duas culturas diferentes.

O Dr. Plinio Baú, nosso leitor, por exemplo, manifesta sua contrariedade com respeito ao uso que ele considera indevido, mas generalizado em alguns meios do Direito, da palavra *paciente* com o sentido de réu. Segundo ele, esse uso veio de Portugal.

Desafiado pela constatação do leitor, fui à pesquisa, encontrando os melhores conceitos no *Dicionário Houaiss*. Lá são registradas as seguintes acepções para *paciente*, nesta ordem: sereno, conformado; que sabe esperar; perseverante; indivíduo doente, sob cuidado médico; réu que vai ser submetido à pena de morte; vítima de ilícito penal; sujeito passivo de crime. Portanto, com relação à linguagem jurídica, segundo o dicionarista, há três possibilidades: alusão a alguém condenado à pena de morte, a alguém vítima de ilícito penal e, por último, a alguém acusado de crime. Como sinônimo de *réu*, portanto, o dicionário admite o uso apenas na área do crime.

O Dr. Thomaz Thompson Flores Neto esclarece que o uso de *paciente* se justifica no *habeas corpus* por não se tratar de ação penal típica, mas que é conhecido como *remédio heroico* impetrado "em favor de quem esteja sofrendo ameaça (ou em risco iminente) à sua liberdade de locomoção". O Desembargador Irineu Mariani, do TJRS, concorda com o Dr. Thomaz, informando que se deve usar *paciente* apenas no *habeas corpus*, porque o caso envolve "alguém que sofre ou está na iminência de sofrer coação ilegal, isto é, está em situação similar à do doente na medicina".

Entubar / Intubar

Com o advento da pandemia do novo coronavírus, certas palavras de raro uso até então passaram ao dia a dia do vocabulário da língua portuguesa, algumas acompanhadas de dúvidas sobre a sua correção, levando, em muitos meios, ao uso sem critério. É o caso dos parônimos *entubar / intubar* e suas variações, em que a semelhança de grafia agrava a dificuldade. As duas palavras existem, mas com significados diferentes:

Entubar, daí *entubação* e *entubado*, é dar feição ou forma de tubo, enquanto *intubar*, daí *intubação* e *intubado*, significa colocar tubo. Portanto, os pacientes são intubados, e não entubados. Para melhor fixação, é importante atentar para a distinção de significado entre os prefixos *en-* e *in-*: o último tem o sentido de "para dentro", enquanto *en-* carrega o sentido de "em torno".

A chatice dos chavões

Acatando sugestão do consagrado jurista Carlos Alberto Bencke, consultor do *Espaço Vital*, registro aqui minha repulsa ao uso cada vez mais difundido de palavras desgastadas pelo emprego excessivo ou pelo sentido equivocado ou mesmo vazio, constituindo-se em verdadeiros chavões.

Por que chavões? *Chavão* é aumentativo de *chave*, passando o significado de chave tão poderosa que abre qualquer porta. Apresento alguns exemplos:

▶ **Vimos por meio deste**: Sem contar que se trata de informação óbvia, de que o leitor toma conhecimento no momento em que recebe a mensagem, é exemplo perfeito de chavão porque serve para abrir qualquer porta, ou melhor, para iniciar qualquer mensagem. Apesar disso, ainda é encontrada em muitas correspondências e iniciais de processos. Há variantes menos votadas, mas igualmente viciadas: Esta tem por finalidade; Vimos ao seu encontro; Dirigimo-nos a V. Exa.; entre outras.

▶ **Valeu**: Mesmo que não tenha valido para nada, o cidadão diz *valeu*. Como registra o Dr. Bencke, "valeu vale pra tudo".

▶ **Fazer colocações**: Outra expressão que se tornou insuportável, sendo usada para fazer observações, objeções, argumentações e qualquer assemelhado. Coloca-se tudo em qualquer lugar.

▶ **Com certeza:** Apesar de não dar certeza de nada, a expressão tem seu uso cada vez mais difundido. Um dia dirão: "Com certeza que não tenho certeza de nada".

O tamanho da informação

O leitor já deve ter lido e ouvido diversas vezes a frase: "Para maiores informações, ...". É muito usada na divulgação de eventos e na linguagem publicitária em geral. Informação tem tamanho? Se tiver, não seria mais lógico transmitir as maiores logo na abertura da comunicação, deixando as menores para depois? Quem usa essa forma parece inverter a lógica.

Na verdade, a intenção é dizer *outras informações*, ou *mais informações*, ou mesmo *mais detalhes*, entre muitas possibilidades. Ou será que no subconsciente está a intenção de atrair o leitor para o que ainda não foi revelado?

O número de falências do órgão

Uma das causas mais comumente mencionadas para a morte é a *falência múltipla de órgãos*. Mas pode algum órgão do corpo morrer mais de uma vez, múltiplas vezes? Morrer, ressuscitar e morrer de novo? Certamente, não. O certo é que há a intenção de mencionar como causa a *falência de múltiplos órgãos*, ou seja, diversos órgãos deixam de funcionar, causando a morte.

Em linguagem técnica, como a do Direito, a precisão é qualidade indispensável, sob pena de se passar informação falsa, comprometendo ou até mesmo anulando a argumentação, o que facilita a ação da parte oponente.

Quadro de saúde estável

Outro exemplo de falta de precisão é a informação que se ouve seguidamente a respeito do estado de saúde do paciente, dizendo-se com alívio que sua situação é estável, quando, na verdade, se quer informar que melhorou. Estável, na verdade, nada informa sobre o estado de saúde, a não ser que se queira dizer que não houve evolução nem para melhor nem para pior. Seria mais esclarecedor informar diretamente se melhorou ou piorou.

Absolutamente

O advérbio *absolutamente* é palavra que, sozinha, nada significa, sendo apenas um reforço. Ao responder a uma pergunta que requer resposta negativa ou afirmativa, não basta dizer *absolutamente*, pois é o mesmo que não responder. Ou é *absolutamente não* ou *absolutamente sim*. A precisão da linguagem requer que seja assim.

"Petrobras aumenta gasolina"

A manchete veiculada no jornal era essa. Algum problema? Pergunta-se: Aumentou para cima, para os lados? Aumentou a capacidade de explosão? A quantidade de álcool? Afinal, o que aumentou na gasolina? Menos mal (ou pior) que a leitura da notícia na íntegra deixava claro que a Petrobras havia aumentado o preço da gasolina, o que também já não é mais notícia... Seja como for, corrija-se o título: "Petrobras aumenta preço da gasolina".

Neologismos virtuosos / viciosos

Sempre entendi que ao lado dos neologismos viciosos existem os virtuosos. Os viciosos são aqueles que nada acrescentam ao patrimônio de um idioma, devendo por isso ser combatidos; exemplo: por que *apoiamento*, se já temos *apoio*, menor, mais certeiro e enfático?

Aliás, questionado pelo criador e mantenedor do *Espaço Vital*, Dr. Marco Antonio Birnfeld, sobre o uso da forma *apoiamento*, a primeira ideia que me surgiu foi observar a reação do meu Word. Bingo! Sua posição batia com a minha: rejeição, sublinhando a palavra digitada com traço vermelho. Como não confio plenamente no Word, fui ao *VOLP – Vocabulário Ortográfico da Língua Portu-*

guesa, publicação da Academia Brasileira de Letras, que reconhece a legitimidade do uso da palavra, ao lado de *apoio*. Estendi a busca ao *Dicionário Houaiss*, que registra *apoiamento* como sinônimo de *apoio*, mas informa ser de pouco uso.

Sempre considerei *apoiamento* um daqueles neologismos injustificáveis, desprezíveis até. Por que *apoiamento*, se para expressar o mesmo significado o idioma disponibiliza *apoio*, palavra mais enfática e curta, portanto mais desejável em tempos de pressa como os que vivemos? Mas, como se viu, os dicionários não o excluem, apesar de informarem ser de pouco uso, sendo, portanto, correto usá-la. É função dos dicionários registrarem os vocábulos em uso, cabendo a quem escreve fazer suas escolhas. Quem tem a função de escrever com qualidade, como é o caso dos operadores do Direito, não pode limitar-se ao correto, devendo buscar sempre as formas mais adequadas, mais expressivas.

Conversando com o Desembargador Irineu Mariani sobre o assunto, disse-me ele que usa muito o verbo *empresariar*, como verbo oriundo de sua especialidade: o Direito Empresarial. Tem o sentido de atuar como empresário, de exercer a atividade de empreender. Disse a ele que se tratava de neologismo virtuoso, porque não veio para substituir vocábulo já existente e que sua formação segue o padrão do idioma.

Mas o Word que está instalado no meu computador não reconhece esta palavra, sublinhando-a com traço vermelho, nem o *VOLP – Vocabulário Ortográfico da Língua Portuguesa*... Como explicar isso? As línguas são ciências em permanente e rápida mudança, adaptando-se sempre às necessidades de quem as usa em todos os meios e áreas do conhecimento, sendo impossível que qualquer forma de armazenamento consiga acompanhar a velocidade dessas mudanças. Outra coisa que não se pode esquecer: nem o Word, nem o VOLP ou qualquer dicionário representam verdades absolutas.

Não me oponho ao uso de neologismos, desde que sejam virtuosos, isto é, que contribuam para o enriquecimento do significado, como foi o caso atribuído ao conhecido gramático Evanildo

Bechara. Ao assumir sua cadeira na Academia Brasileira de Letras, alguém se dirigiu a ele chamando-o de imortal. De imediato, Bechara advertiu: imortal sim, mas imorrível não. O gramático usou o neologismo *imorrível*, mas pleno de virtude, imexível, como diria o ex-ministro Magri.

Palavras e expressões perigosas

Há palavras e expressões especialmente perigosas, cujo uso requer atenção especial à forma e ao significado. Apresentam-se alguns casos:

▶ A / Há: Na indicação de tempo, a forma com *h* remete a tempo passado, caso em que pode ser substituída por *faz*: o fato ocorreu há (faz) dois anos, enquanto sem *h* refere-se ao futuro: daqui a dois anos. A forma sem *h* também é usada para indicar hora certa: à uma hora, às 10 horas; e para introduzir distância: estava a 10 metros. As formas do verbo *haver* também são usadas nos sentidos de existir e ocorrer, sem contar a função de verbo auxiliar: haverão de encontrar a solução.

▶ Acerca de / A cerca de / Há cerca de: São três expressões iguais na pronúncia e muito semelhantes na grafia, mas de sentidos diferentes. *Acerca de* tem o significado de sobre, a respeito de: o magistrado decidirá acerca do destino dos objetos encontrados. *A cerca de* significa distância (espacial ou temporal) aproximada: estamos a cerca de 10 km do destino; estamos a cerca de duas horas do evento. *Há cerca de* tem os sentidos de tempo passado aproximado: estamos aqui há cerca de uma hora; e de existir aproximadamente: há cerca de 10 pessoas no recinto.

▶ Afim / A fim: A primeira tem o sentido de afinidade, sendo mais usada no plural: objetivos afins, ciências afins, isto é, que têm afinidade; no Direito, usa-se a expressão *afins em linha reta*, ou seja, parentes por afinidade. *A fim (de)* tem o sentido de *para*: procede-se dessa forma a fim de fazer justiça. Na linguagem popular, há outros usos para *a fim (de)*: Não estou a fim (disposto); estar a fim (querer) de alguém.

▶ Alternativa: O primeiro elemento da palavra *alternativa* é *alter-*, que se originou do latim *alter* e tem o sentido de *outro*. Portanto, na expressão *outra alternativa* há redundância, bastando dizer *alternativa* para se obter esse significado. No entanto, é possível que alguém queira se referir a mais alternativas, além da opção já mencionada, sendo, neste caso, correto usar as expressões *nova alternativa, outra alternativa, primeira alternativa, segunda alternativa*, etc.

▶ À medida que / Na medida em que: A primeira indica tempo proporcional, concomitância, tendo os sentidos de conforme, enquanto, quando, ao passo que: à medida que os costumes evoluem, as leis mudam. *Na medida em que* significa pelo fato de que, uma vez que: na medida em que as negociações avançam, o acordo se aproxima. Importante: não existem as formas *à medida em que* e *na medida que*. Trocando-se a palavra *medida* por *proporção*, valem as mesmas normas.

▶ A nível de / Em nível de: Por se referir a situação estática, sem indicação de movimento, a forma correta é sempre *em nível de:* em nível estadual, em nível de iniciação. O uso dessa expressão não passa de um modismo, sendo recomendado evitá-la. Afinal, não há diferença de significado entre *em nível de Estado* e *no Estado*, entre *em nível de iniciação* e *na iniciação*. Nos tempos de pressa em que vivemos, mais do que nunca se recomenda a concisão, ou seja, a forma mais curta se impõe.

▶ Ao invés de / Em vez de: A primeira só pode ser usada para se referir a algo de sentido oposto: Ao invés de atuar na defesa, ele atuou na acusação. Para introduzir algo de sentido apenas diferente, e não oposto, usa-se *em vez de*: Em vez de trabalhar, ela estuda.

▶ Aonde / Onde: A primeira implica movimento, enquanto *onde* se refere a algo estático. Na dúvida entre uma e outra, sugere-se a aplicação do truque que consiste na troca por *para onde*; se der certo, será *aonde*; caso contrário, use-se *onde*: Onde estás? (para onde estás? – não deu certo). Aonde vais? (para onde vais? – Deu certo).

▶ **Aparte / À parte**: A locução *à parte* tem os sentidos do advérbio *separadamente*: Vamos conversar à parte; e do adjetivo *separado*: conversas à parte. *Aparte* é substantivo derivado de *à parte*, tendo o sentido de manifestação separada: A autoridade avisou que não concederia apartes.

▶ **A pedido / Apedido**: A primeira tem o sentido de *por pedido*: Procedi assim a pedido das autoridades. *Apedido* é substantivo derivado de *a pedido*: O apedido foi publicado em jornal.

▶ **Bimensal / Bimestral**: A primeira refere-se a algo que ocorre duas vezes por mês, enquanto *bimestral* indica o que dura dois meses ou que ocorre de dois em dois meses.

▶ **Colocar / Fazer colocações**: Modismo que precisa ser evitado. Em qualquer área do conhecimento, mas em especial na linguagem jurídica, é necessário utilizar palavra mais precisa. O significado original de *colocar* e, em consequência, de seus derivados, é de pôr (em algum lugar), não sendo, portanto, adequado a muitas das situações em que a palavra vem sendo empregada. Algumas opções, dependendo do caso: expor, propor, observar, explicar, explanar, fazer observações, explanações, proposições.

▶ **Concerto / Conserto**: A primeira tem os sentidos genéricos de harmonia, ajuste, acordo, conformidade, combinação, cumplicidade; no Direito é de largo uso em acepções que giram em torno desses significados: O concerto do traslado; trabalha em concerto com seu diretor; praticou os atos em concerto com seu superior. Enquanto isso, *conserto* tem o sentido de remendar, reparar: O conserto do computador.

▶ **Dar a luz / Dar à luz**: A primeira tem o sentido de fornecer luz, esclarecimento: a fala do especialista deu a luz que faltava. Para informar que a mulher teve o filho, a expressão correta é a segunda: Maria acaba de dar à luz uma menina. O que se informa é que Maria trouxe a menina para a luz, e não que ela forneceu a luz para a menina.

▶ Desapercebido / Despercebido: Em *despercebido* se informa que não foi percebido: Sua presença passou despercebida. *Desapercebido* tem o sentido de desguarnecido, desprevenido: A situação o pegou desapercebido.

▶ Descriminar / Descriminalizar / Discriminar: Na formação do significado das palavras, é importante atentar para a presença e o significado dos prefixos: o prefixo *des-*, por exemplo, pode introduzir, entre outros, os sentidos de afastar, livrar, deixar de considerar: *Descriminar* significa livrar do crime, inocentar, enquanto *descriminalizar* tem o sentido de deixar de considerar crime. O prefixo *dis-* introduz, entre outros, os sentidos de separar, distinguir, detalhar: discriminar as contas, discriminação racial, religiosa...

▶ Dessarte / Destarte: Em que pese o uso estar consagrando *destarte* e os dicionários admitirem as duas formas, inclusive o *VOLP – Vocabulário Ortográfico da Língua Portuguesa*, em função do significado, que remete a algo já mencionado, *dessarte* é a forma que está em consonância com a norma gramatical, tanto é verdade que, quando substituída por expressão de sentido igual (dessa maneira, dessa forma), usa-se com SS (dessarte), e não com ST (destarte). A consagração do erro chegou ao ponto de o meu Word sublinhar com traço vermelho a forma correta, como se ela não existisse.

▶ Difundido / Difuso: O primeiro é o particípio do verbo *difundir*, tendo o sentido de divulgado. *Difuso* não é alternativa para *difundido*, podendo ser usado apenas na função de adjetivo, como na expressão *direitos difusos*, em que tem o sentido de disseminados, fundamentais ou coletivos.

▶ Dissimular / Simular: Quando se quer dar o sentido de ocultar ou disfarçar a verdade, mediante a utilização de astúcia, o verbo a ser usado é *dissimular*; em outras palavras, dissimula aquele que sabe a verdade, mas a encobre. De outra parte, quem simula, finge ser verdadeiro aquilo que ele sabe ser falso.

▶ **Diurno / Diário / Diuturno:** A primeira tem sentidos variados, dependendo do assunto a que se refere; pode referir-se às 24 horas do dia, ou ao período do dia em que se conta com a presença do sol; no Direito do Trabalho, usa-se *diurno* em oposição a *noturno*. Enquanto isso, o adjetivo *diário* se refere ao dia, a todos os dias ou àquilo que é feito num dia. *Diuturno* tem o sentido de duradouro, constante, como na expressão *trabalho diuturno*.

▶ **Eis que / Vez que:** Apesar de seu uso estar em vias de consagração, estas expressões não devem ser usadas com o sentido de porque, visto que, já que. Na verdade, *vez que* ou *de vez que*, ou ainda *uma vez que* são expressões a serem evitadas; *eis que* é usado para introduzir algo imprevisto: Estava tudo definido, eis que surgiram novos fatos.

▶ **Elidir / Ilidir:** Com os sentidos de afastar, eliminar, anular e outros semelhantes, usa-se *elidir*: Mediante o pagamento da dívida, o devedor elide a falência. Ilidir tem o sentido de contestar, refutar: O advogado ilidiu todos os argumentos da acusação.

▶ **Embaixo / Em cima:** Pode parecer paradoxal que a primeira seja grafada numa só palavra e na segunda as partes sejam separadas. No entanto, não há paradoxo quando se leva em conta o princípio da língua portuguesa que estabelece a grafia de acordo com a pronúncia. Em *embaixo*, a pronúncia é contínua, enquanto na expressão *em cima* ela é feita em duas palavras. É sutil, mas perceptível a ouvidos apurados.

▶ **Em face de / Face a / Face:** Exemplificando com a palavra *exposto*, o acompanhante mais presente nessas expressões, esclareça-se que a forma preferida deve ser a tradicional e consagrada *em face do exposto*; *face ao exposto* é neologismo aceito por alguns gramáticos; por fim, *face o exposto* é forma errada.

▶ **Estrema / Estreme:** O verbo *estremar* (não confundir com *extremar*) tem o sentido de delimitar, demarcar, por meio de *estremas*, ou seja, marcos divisórios de áreas rurais. O substantivo *estrema* originou o adjetivo *estreme*, que tem os sentidos de isento, puro, genuíno.

▶ **Estada / Estadia:** Apesar de reinar de forma quase absoluta a opção pelo uso de *estadia*, em regra essa forma é equivocada. Na verdade, *estadia* é palavra a ser usada com o sentido de permanência de um veículo de transporte em determinado ponto para carga e descarga; originariamente referia-se apenas ao tempo de permanência do navio no porto, passando depois a se estender a qualquer veículo de transporte. Com o sentido de permanência transitória de alguém numa cidade, num hotel ou numa repartição, a palavra correta é *estada*.

▶ **Expender / Despender:** *Despender* tem a mesma raiz de despesa, significando fazer despesa, gastar; já para o sentido de expor em detalhes, em minúcias, a palavra a ser usada é *expender*.

▶ **Fingido / Ficto:** Ressalte-se, de início, que a única forma de particípio do verbo *fingir* é *fingido*. Por sua parte, *ficto* tem o sentido de presumido; não está literalmente expresso, mas por dedução, por inferência, se presume.

▶ **Foro / Fórum:** Para nomear a sede do Judiciário, as duas formas são aceitas, com predominância da segunda, que, apesar de latina, está formalmente registrada como palavra da língua portuguesa. Nos demais usos, abrangendo todas as áreas, sejam do Judiciário, das Igrejas, das entidades, da consciência (foro íntimo) ou de qualquer outra acepção, a palavra adequada é *foro* (de pronúncia fechada no singular e aberta no plural).

▶ **Hábeas / *Habeas corpus* / Hábeas-córpus:** Sem hífen e sem os acentos, é a forma original latina (em latim não se usa acento nem hífen), devendo ser grafada entre aspas ou em itálico; com hífen e com os acentos, é a forma aportuguesada; *hábeas* é a forma reduzida consagrada na língua portuguesa, com registro no vocabulário oficial. Portanto, as três formas estão corretas, desde que usadas criteriosa e coerentemente, sem misturar os dois idiomas.

▶ **Infligir / Infringir:** O verbo *infringir* significa cometer infração, transgredir norma; aliás, *infringir, infração* e *infrator* tem a mesma raiz (*infr-*), guardando, em consequência, relação de significado. *Infligir*, por sua vez, refere-se ao que se deveria fazer sempre que alguém infringe norma: infligir pena, castigo; assim como a ação de infringir é a infração, a de infligir é inflição. Aproveito para lembrar que não existem as formas *infrigir* e *inflingir* e suas hipotéticas correlatas.

▶ **Inobstante / Não obstante:** A forma originalmente correta – e por isso a mais recomendável – é *não obstante*, no entanto não se pode deixar de dar legitimidade também a *inobstante*, porque seu uso está consagrado no meio culto, e, não se esqueça, os idiomas se constroem pelo uso.

▶ **Latente / Patente:** As duas palavras têm sentido oposto; enquanto *latente* significa oculto, secreto, desconhecido, *patente* tem o sentido de claro, evidente. Exemplos: as causas do procedimento são latentes (desconhecidas); as intenções do réu são patentes (evidentes).

▶ **Maricídio / Maricida / Marital:** A primeira refere-se ao homicídio do marido cometido pela própria mulher, que, por isso, é denominada *maricida*, enquanto *marital* nada tem a ver com o crime, sendo apenas relativo a *marido*, como em *relação marital*.

▶ **Mesmo / Ele:** Há muito vem se usando, em todos os níveis culturais, *mesmo* como pronome pessoal, função que ele está impedido de exercer; em outras palavras, *mesmo(s)* e *mesma(s)* não podem ser usados em substituição a *ele(s), ela(s)*, como neste exemplo: Você está recebendo seu documento; verifique se os dados pessoais contidos no mesmo estão corretos. Para corrigir o final da frase, deve-se trocar *no mesmo* por *nele*, mais simples e correto.

▸ **Nenhum / Nem um:** A primeira é pronome indefinido, com sentido oposto ao de *algum*: Nenhuma causa o anima, enquanto *nem um* sempre cumpre a função de dar ênfase: nem um nem outro.

▸ **No entretanto / Entretanto:** Como sinônimo das conjunções coordenativas adversativas *mas, porém, no entanto, contudo, todavia*, a forma a escolher entre as duas é *entretanto*; *no entretanto* é locução adverbial usada na linguagem jurídica com o sentido de nesse intervalo: No entretanto, o réu soube da traição.

▸ **Ótico / Óptico:** Seguindo-se a formação etimológica, ótico (do grego *otikós*) diz respeito ao ouvido, enquanto óptico (do grego *optikós*) se refere ao olho. Devido à dificuldade que têm os falantes da língua portuguesa, especialmente os brasileiros, de pronunciar sequências de consoantes, óptico passou a ser pronunciado ótico, resultando na unificação de pronúncia, o que com o tempo passou a ser admitido também na grafia, resultando em frequentes confusões de comunicação. Assim, em linguagem técnica, como a jurídica, recomenda-se distinguir as duas grafias: ótico quando se refere ao ouvido, à audição, e óptico quando usado em alusão ao olho, à visão. Comparando: Ouve-se com frequência *adevogado* em vez de *advogado*; a explicação para essa pronúncia equivocada é a mesma; a diferença é que o erro, felizmente, não se consagrou.

▸ **Parricida / Matricida / Patricida:** Quando alguém comete parricídio, ou seja, mata o próprio pai, é chamado de *parricida*; quando o faz com a mãe, é *matricida*; no Direito Romano, havia apenas uma forma para os dois casos: *parricida*, pois a palavra deriva do latim *parens* (parentes: pai e mãe). *Patricida* é o nome dado àquele que trai a pátria.

▸ **Pasmo / Pasmado:** São formas alternativas para o particípio passado do verbo *pasmar*. A forma tradicional é *pasmado*: Ficaram todos pasmados com a notícia do crime. No entanto, aos poucos foi surgindo a forma contraída *pasmo*, que acabou vencendo todas as objeções e se impôs como alternativa: Ficaram todos pasmos (pasmados) com a notícia do crime.

▶ **Pegado / Pego:** A forma tradicional do particípio do verbo *pegar* é *pegado*, mas na linguagem popular surgiu *pego* (admitindo-se dupla pronúncia do *e*: fechada ou aberta), forma que acabou consagrada pela literatura. Em linguagem técnica, científica e administrativa, como a jurídica, no entanto, é preferível usar sempre *pegado*.

▶ **Quitado / Quite:** A única forma do particípio do verbo *quitar* é *quitado*; *quite* é apenas forma adjetiva, no sentido de estar livre de dívida.

▶ **Ratificação / Retificação / Rerratificação:** Enquanto *ratificação* significa confirmação, *retificação* tem o sentido contrário, de modificação, de emenda, de correção. Já *rerratificação* é palavra a ser usada quando se retifica um documento ou se lhe acrescenta algo para depois ratificá-lo novamente. Admite-se a variante *reti-ratificação*.

▶ **Relegar:** O sentido tradicional de *relegar* é o de baixar algo para plano secundário, para posição inferior: Parece ter relegado a verdade para instâncias inferiores. Na linguagem jurídica, observa-se com frequência o emprego da palavra com os sentidos de adiar, transferir ou diferir, quando o correto é optar por um desses verbos: Adiou-se (ou transferiu-se, ou diferiu-se) – e não relegou-se – para a sentença o exame das preliminares.

▶ **Remição / Remissão:** Derivado do verbo *remir* (particípio: *remido*), *remição* tem o sentido de resgate, de pagamento: Remição da pena. *Remissão* é forma de dupla origem: a) do verbo *remitir*, com o sentido de perdão sem pagamento, de anistia: remissão das dívidas fiscais; b) do verbo *remeter*, com o sentido de transferir, de reenviar: a remissão para outra lei.

▶ **Remitido / Remisso:** O particípio passado do verbo *remitir* (não confundir com *remetido*, do verbo *remeter*) é *remitido*, tendo o sentido de perdoado: O credor, tendo remitido a dívida, deu quitação ao título. *Remisso*, muito em voga em alguns meios, não é aceito como particípio, mas apenas como forma adjetiva, com o sentido de relapso, negligente: Trata-se de devedor remisso.

▶ **Retorção / Retorsão:** Derivada de *retorcer*, *retorção* tem o sentido de nova torção, sendo de raro uso. *Retorsão* deriva do verbo *retorquir* e tem o sentido de objeção, de réplica. No Direito Internacional, por exemplo, usa-se *retorsão* para referir a medida de um Estado em resposta à de outro Estado.

▶ **Senão / Se não:** Com a grafia que separa as partes – *se não* –, trata-se do advérbio que tem o sentido de caso não. Com todas as demais acepções, a grafia será *senão*, juntando as partes. Daí o truque: tente trocar por *caso não*; se der certo, grafe *se não*; caso contrário, será *senão*.

▶ **Sob / Sobre:** É cada vez mais comum o uso equivocado destas preposições, que introduzem significados opostos. Enquanto *sob* se refere a posição inferior, embaixo, *sobre* expressa o sentido de posição superior, em cima; por extensão, *sobre* também é usado com os sentidos de a respeito de e de além de. Exemplos de uso de *sob*: O réu estava sob a proteção da polícia; sob juramento, sob tortura, sob pena. Exemplos de uso de *sobre*: Tinha tudo sobre a mesa; carrega imensas responsabilidades sobre os ombros; sobre (além de) violento, era prepotente.

▶ **Tachar / Taxar:** O primeiro deriva do substantivo *tacha*, que tanto pode ter o sentido de mancha, defeito, que se fixa em alguém, quanto referir aquele pequeno utensílio usado para fixar um papel no mural, conhecido também como percevejo: As tachas prendiam as folhas no mural; o chefe foi tachado de ladrão. Enquanto isso, *taxar* deriva de *taxa*, valor que se cobra em troca de um serviço, derivando daí para significados próximos, como pôr preço, julgar, avaliar, qualificar. Exemplos: Taxar a importação de produtos; cada fiador pode taxar a parte da dívida que lhe corresponde; taxas bancárias.

▶ **Tampouco / Tão pouco:** Com o sentido de nem sequer, de também não, a forma é *tampouco*, enquanto *tão pouco* significa de tal forma pouco, pouco assim. Exemplos: O réu não compareceu, tampouco as testemunhas; compareceu tão poucas vezes que foi reprovado por excesso de faltas.

▶ **Todo / Todo o:** A presença, ou não, do artigo "o" produz importante variação de significado. Sem ele, o sentido de *todo* é qualquer, cada; contando com o artigo, a expressão assume o significado de inteiro, completo. Assim, a expressão *todo homem* refere-se a qualquer homem, ao gênero humano; incluindo o artigo – *todo o homem* –, a expressão faz referência ao homem inteiro, completo, dos pés à cabeça. Outros exemplos: a toda hora (a qualquer hora); todo mundo (qualquer pessoa); todo o mundo (o mundo inteiro – os cinco continentes); todo processo (qualquer processo); todo o processo (o processo inteiro). Importante: no plural, usa-se o artigo em qualquer das duas situações: todos os homens; todos os processos; todas as horas.

▶ **Vista / Vistas:** Pede(m)-se ou concede(m)-se vista ou vistas? Considerando que se leva em conta a utilização, em regra, de duas vistas (olhos), não seria nenhum absurdo solicitar ou conceder *vistas*; no entanto, também se pode argumentar que se está a usar a visão como conjunto, o que levaria ao uso de *vista*, no singular. Para desempatar, entra em cena fator essencial na formação das línguas: o uso; é ele que acaba estabelecendo as regras. E o uso no meio culto quis que se consagrasse a forma singular; portanto: pede-se ou concede-se vista.

Causa mortis / Mortis causa

Existem as duas expressões, mas é preciso saber que o sentido não é o mesmo. Assim como no português, também no latim – como nas línguas em geral – não se aplica aquele princípio matemático da adição e da multiplicação segundo o qual a ordem dos fatores não altera o produto.

Causa mortis é alusão à causa determinante da morte, isto é, aquela que os médicos colocam no atestado de óbito da pessoa e que passa à certidão. *Mortis causa*, por sua vez, significa "por causa da morte", referindo-se a obrigações e direitos consequentes da morte e que passam aos herdeiros.

Lamentavelmente, as duas expressões vêm sendo usadas como se tivessem o mesmo significado. De maneira mais intensa e extensa, a expressão "imposto *causa mortis*" é usada nos inventários para designar aquilo que é devido ao Estado. Isso figura nas legislações em geral, inclusive no topo do ordenamento jurídico brasileiro: no art. 155, I, da Constituição Federal. Consta também em sentenças e acórdãos, inclusive dos tribunais superiores de Brasília. Enfim, seu equivocado uso se alastrou.

Abstraindo a intenção de afirmar que no Brasil o imposto é *causa mortis*, isto é, que mata as pessoas, trata-se de erro grave, porque interfere no significado. Só falta os médicos inovarem no atestado de óbito: "*Causa mortis*: imposto". Estamos diante de um exemplo clássico da facilidade extraordinária com que os erros se difundem, mesmo nos meios reconhecidos como os mais cultos.

Conversando sobre o tema, o Desembargador Irineu Mariani me fez lembrar da tragédia *Júlio César*, de Shakespeare, em que Marco Antônio, amigo de César, profere famoso discurso na frente dos assassinos, que esperavam sua repreensão para também o atacarem. Marco Antônio, no entanto, graças a sua habilidade e a seus reconhecidos recursos de oratória, fez com que a multidão mudasse inteiramente seu pensamento, inflando-a contra os assassinos de César. O orador começou dizendo: "Não vim louvar César, mas enterrá-lo". Seguiu sem atacar os assassinos, o que só fez – então, sim, de forma definitiva e incrivelmente atual – depois de conquistar a multidão: "As coisas boas são enterradas com os ossos, e as ruins sobrevivem".

Aplicando a última frase de Marco Antônio ao caso em exame, verifica-se que o erro não apenas sobrevive, como ganha foros superiores.

Gostaria de convidar, de abraçar...

O leitor Elmo Nélio Moreira, perito judicial contábil em Itaúna, Minas Gerais, diz sentir-se incomodado com o uso indevido do futuro do pretérito do modo indicativo (antigo condicional). Trata-se daquela forma consagrada nos cerimoniais brasileiros e em momentos sociais em que alguém ameaça convidar alguma autoridade a compor a mesa ou um amigo para comer um churrasco, ou que anuncia vontade de abraçar alguém, entre outras ocasiões, solenes ou não. Bem que o autor da frase poderia ouvir respostas como estas:

> E por que não convida?
> Aconteceu alguma coisa?
> A carne está muito cara, não é.
> Medo da pandemia, claro.

Essas formas desconectadas com a modernidade estão tão consagradas, que os supostos convidados aceitam o convite, indo à mesa, ao churrasco ou oferecendo-se para o abraço.

Em nome da correção do significado, da objetividade no uso da língua e sem medo de ser descortês, está mais do que na hora de corrigir esse uso dizendo simplesmente: Convido para compor a mesa, para comer um churrasco, quero lhe dar um abraço...

Risco de vida ou de morte?

Volta e meia me perguntam se o correto é *risco de vida* ou *risco de morte*. Respondo sempre que depende do ângulo de análise: se a análise é do ponto de vista da vida que corre risco, será *risco de vida*; se a análise partir do fato de que se corre risco de morrer, será *risco de morte*. Portanto, em regra, não há erro nas duas formas.

No entanto, ocorrem situações que exigem atenção, como a do caso de um crime passional ocorrido numa localidade em que era juiz o hoje Desembargador Irineu Mariani. O advogado de defesa, famoso nos júris pela sua oratória eloquente e também por beber um tanto acima do tolerável, numa ocasião passou da conta, lançando palavrões altamente ofensivos e motivando a perseguição, após o júri, de um grupo de simpatizantes da vítima, que fizeram diversos disparos de arma de fogo procurando atingi-lo. Em torno das 4 horas da manhã, a Brigada Militar chegou à casa do Juiz, entregando-lhe um telegrama urgente do advogado, que lançava um apelo: "Excelência, socorro! Estou ameaçado de vida."

Neste caso, que o Dr. Mariani garante ser verídico, o advogado, é claro, errou, pois a ameaça era de morte, e não de vida. A não ser que já tivesse ressuscitado...

Quando *não* é *sim*, e vice-versa

Para descontrair, reproduzo diálogo encontrado num *site* de humor, sob o título "Aprenda a dizer não":

– Aceitas um vinho?
– Por que não?

Como se observa, a clássica negação *não* assumiu o sentido de *sim*. O *site* não o fez, mas poderia ter apresentado um *sim* com o sentido de *não*, como neste diálogo:

– Posso colar, professor?
– Pois sim...

Isso faz lembrar uma célebre constatação de Aparício Torelly, o Barão de Itararé: "Calça é uma coisa que se bota e bota é uma coisa que se calça".

Atenção ao significado, eis a solução

É cada vez mais comum encontrarmos palavras e expressões sendo usadas com o sentido deturpado, seja por redundância, por falta de precisão, por semelhança com outra palavra, entre outras situações. As causas são variadas, destacando-se a necessidade interior dos autores de inovar, de fugir do lugar-comum, de ser original, diferente dos simples mortais, para se manter na moda e em função da falta de domínio do verdadeiro significado.

Seguem alguns casos frequentes:

▶ **Trânsito pesado:** os boletins de trânsito transmitidos por rádio e TV nos horários de pico sempre informam que o "trânsito está pesado". Ao que parece, esse uso começou em São Paulo, espalhando-se rapidamente pelo País. O que será trânsito pesado? Para alguém atento ao verdadeiro significado, certamente é alusão ao tráfego de caminhões, ônibus e outros veículos de grande porte, mas não é. Olha-se para o vídeo e se observa que, ao contrário do que se está informando, predominam os veículos pequenos. Solução: troque-se por "trânsito intenso".

▶ **Lançamento inédito:** durante os 17 dias de recente edição da tradicional Feira do Livro de Porto Alegre, ouvi e li diversas vezes a alusão a *lançamentos inéditos* de livros em diversos boletins e materiais de divulgação. Basta o mínimo de atenção para concluir que todo lançamento é inédito, assim como toda novidade é nova. Portanto, informe-se de forma mais curta e vigorosa: lançamento. A linguagem moderna segue três características essenciais: objetividade, concisão e precisão. Esticar, exagerar, rebuscar, subjetivar são defeitos que desagradam o leitor.

▶ **Flagrado no volante:** como o motorista não consegue penetrar no volante, é melhor informar que ele estava ao volante. O mesmo vale para *falar ao telefone*, e não *no telefone*.

▶ **Conviver juntos:** pergunta que me fizeram dia desses – "Qual é o certo: os dois convivem juntos ou convivem junto?" A partir daí se deu este diálogo:

- Nenhuma das duas é correta, porque ambas são redundantes.
- O senhor está fugindo da pergunta.
- "Convivem junto" é pior que "convivem juntos".
- Então, qual é o certo?

- Basta dizer *convivem*; a ideia de *juntos* já está expressa no prefixo *con-*.

▶ **Pare fora da pista**: aviso encontrado em estradas que tem a intenção de coibir que o condutor pare o veículo na pista. No entanto, um condutor atento ao verdadeiro significado da frase entenderá que se trata de ordem para parar imediatamente fora da pista. Solução: trocar por "Não pare na pista".

▶ **Enquanto / Como**: quanto mais culto o meio, mais vem sendo usada de forma equivocada a palavra *enquanto*. Seu verdadeiro sentido é de *pelo tempo que durar*, e não *na condição de*. Se a intenção for se referir ao tempo em que ocupar a função de magistrado, a expressão estará corretamente usada, mas se for referência à condição de magistrado, é preciso optar por outra forma: *na condição de magistrado* ou *como magistrado*, entre outras.

▶ **Talvez no local se impedia a entrada de veículos**: erros envolvendo o uso dos tempos e modos verbais são cada vez mais frequentes. O abandono do modo subjuntivo lidera as estatísticas. É o modo da dúvida, da incerteza, da mera desconfiança, diferente do modo indicativo, que é o da afirmação, da indicação, da certeza. No exemplo, a palavra *talvez* é dessas que introduz exatamente a ideia da desconfiança, da incerteza, requerendo por isso o verbo no modo subjuntivo. Assim: Talvez no local se impedisse a entrada de veículos.

Como pode perceber o leitor, a solução para casos como os acima está sempre na atenção ao real significado das palavras por parte de quem escreve. O ato de escrever não pode ser mecânico, mas resultado de uma atenciosa reflexão sobre o que se vai expressar.

Nem e suas diversas funções

Na sua origem, *nem* corresponde à soma do aditivo *e* com a negação *não*, sendo essa sua função por excelência. Nesse uso, salvo em textos literários ou quando se quer dar ênfase especial, não se deve usar *e nem*, porque corresponderia ao uso repetido, redundante, de *e*. Também não se deve, em regra, cogitar de usar vírgula antes, pois ela é substituída pelo aditivo *e*.

Com o tempo, a palavra também passou a ser usada com os sentidos de ao menos, pelo menos, sequer: "Nem um pão havia naquela casa". Neste caso não seria redundante usar *e nem*.

É usada ainda como simples, mas veemente, negação, podendo significar também ameaça: "Nem pense fazer isso".

Outro uso consagrado é como elemento de comparação, em substituição a *como*: parado que nem poste.

Linguagem e racismo

Considero odiosa e, sobretudo, ignorante qualquer forma de racismo, seja contra quem for. Daí a querer coibir o uso de palavras como *preto, negro, mulato, macaco, alemão, judeu, castelhano, gringo, colono*, entre tantas, são outros quinhentos.

Em seu sentido primário, essas palavras não carregam qualquer ideia de racismo. Esta provém do contexto, dependendo da intenção de quem as usa. Se, ao chamar alguém de macaco, houver intenção de ofender, trata-se de ato racista, mas haverá racismo na afirmação de alguém que sustenta ser o homem descendente de macaco? Ao dizer "esse negro é genial" estarei sendo racista?

Este tema me levou a refletir sobre os muitos cuidados necessários para o profissional de Direito quando escreve, destacando-se três em especial: primeiro, dominar o assunto a ser abordado, o que requer muitas vezes pesquisas em variadas fontes; segundo, cuidar para não ferir normas do idioma; terceiro, apresentar argumentos convincentes, com clareza, precisão e objetividade. De uns tempos para cá, há um quarto cuidado, tão importante ou mais do que esses, estando a exigir a atenção redobrada de quem se comunica: não discriminar, ou ser politicamente correto.

É cada vez mais intenso o combate a todas as formas de discriminação, seja social, racial, religiosa, de gênero, de preferência sexual, ou de outra ordem. Qualquer palavra pode ser interpretada como manifestação discriminatória e resultar em acusação, mesmo que o autor não tenha tido qualquer intenção nesse sentido.

O saudoso escritor Monteiro Lobato foi acusado de racismo, quando se sabe que não havia qualquer intenção discriminatória. Há pouco, o Hino Rio-Grandense foi objeto de fortes manifestações que o acusam de conteúdo racista em função da palavra *escravo* na frase: "Povo que não tem virtude acaba por ser escravo", como se *escravo* fosse sinônimo de *negro,* esquecendo-se, por exemplo, de que um povo de cor branca, formado por centenas de milhares de pessoas, o povo de Israel, foi escravo no Egito por 400 anos. Está na Bíblia e está na História da Humanidade.

Entendo odiosas todas as formas de discriminação. Está mais do que na hora de reconhecermos, de fato, todos com iguais direitos e deveres. Ninguém pode ser considerado melhor ou pior do que qualquer outro por ser de determinada cor, por professar aquela religião, por ser homem ou mulher, pobre ou rico, colorado ou gremista. No entanto, para que se possa acusar alguém de racista, de homofóbico e de qualquer outra ação discriminatória, há um ingrediente indispensável: a intenção de ferir, de ofender.

Será que Monteiro Lobato teve a intenção de ofender as pessoas de cor negra? É muito provável que Francisco Pinto da Fontoura, quando escreveu a letra para o Maestro Mendanha compor o hino, sequer se tenha lembrado de alguém de cor negra ao usar a palavra *escravo*, que no contexto tem o sentido de submissão, de dominado. Aliás, a melhor frase do Hino Rio-Grandense, a mais inspirada, é exatamente esta: "Povo que não tem virtude acaba por ser escravo". De tão atual, parece ter sido escrita hoje. Encontrar aí teor racista me parece ser completamente fantasioso. Ou será que a virtude está na cor da pele? Chego a pensar em inverter o ônus: Não está havendo preconceito por parte de quem assim interpreta?

Aliás, do jeito que as coisas andam, se adotarmos os excessos do politicamente correto e seguirmos limitando o uso das palavras a um sentido único, estático, além do empobrecimento absoluto da linguagem, levaremos muitas palavras e expressões ao desaparecimento. Lembro algumas:

▶ **Doméstica**: há quem defenda que as pessoas dedicadas aos trabalhos realizados em residências não podem ser denominadas de domésticas, por ser palavra discriminatória. Então, por extensão, nossa autocensura nos impedirá de usar *voo doméstico, embarque doméstico, eletrodoméstico, economia doméstica*, etc.

▶ **Ascensorista**: é depreciativo; o politicamente correto é profissional do transporte vertical...

▶ **Negro / Preto**: são palavras a serem abolidas na prática, pois passamos a censurá-las. Nas instruções passadas aos concorrentes de concursos em geral, terá que ser encontrada uma palavra para substituir *preta* na expressão *caneta preta*. A autocensura assim o exigirá.

▶ **Denegrir**: como deriva de *negro*, nem pensar...

▶ **Judiar**: não se pode usar, porque discrimina um povo.

Enfim, a lista de palavras e expressões preconceituosamente atingidas é longa. Você, leitor, deixará de usá-las?
Está, sim, na hora de acabar com todas as formas de discriminação, assim como está na hora de saber que as palavras não têm sentido único, imutável; qualquer mudança de contexto pode mudar o significado. Qualquer intenção, positiva ou negativa, afeta o significado, enquanto sua ausência lhes mantém o sentido original, primário.

Câmara dos Deputados e das Deputadas?

O deputado federal Reginaldo Lopes (PT-MG) quer modificar o nome da Câmara dos Deputados. Apresentou projeto para que ela se chame Câmara das Deputadas e dos Deputados. Justificativas do deputado: "As mulheres deputadas não estão tomando o lugar de nenhum homem, como o atual nome da nossa Casa Legislativa pode parecer sugerir. A Câmara é composta por deputadas e por deputados e assim deve ser chamada. Mais do que um ato simbólico, o projeto caminha para uma nova cultura política, onde seja explícito que os espaços de poder são de todos e de todas que tenham sido eleitos e eleitas democraticamente." Na conclusão da sua exposição, só faltou *Amém!*.

Uma pergunta para o deputado: quando se diz que todo homem é mortal, se está excluindo a mulher? Por mais contrariado que possa estar, certamente ele responderá que não, que a mulher não está excluída. Nem por isso teremos que passar a dizer que "todo homem e toda mulher são mortais". Ou será necessário fazê-lo? Não seria enfadonho? Justamente quando se prega a concisão, estaríamos aumentando significativamente a extensão da escrita. Por que ir na contramão da história, deputado?

Algo semelhante anda acontecendo entre locutores (e locutoras...) de rádio e televisão, assim como em solenidades, quando há os que saúdam "a todos e a todas". Já desliguei o rádio ao ouvir isso e em solenidades já tapei os ouvidos. Outro exemplo, ainda pior: no Rio Grande do Sul, está em vigor uma lei que obriga o servidor público estadual a usar essa chamada forma inclusiva de gênero em todas as comunicações; no vocativo de correspondências, por exemplo, teria que usar esta forma: "Senhor (Senhora) Servidor (Servidora)", o mesmo ocorrendo cada vez que fosse necessário distinguir os dois gêneros. O leitor consegue imaginar o que passaria a ser essa comunicação oficial? Num texto destinado a operadores do Direito, é lamentável ter que dizer que felizmente a lei não está sendo cumprida, apesar da obrigação de fazê-lo. É mais uma lei que não deu certo...

Mas, em nome de que ocorrem essas iniciativas? Dizem que é para distinguir a mulher com os mesmos direitos dos homens, em nome da igualdade de gêneros, do *empoderamento* feminino, entre outros argumentos. Parece-me claro que a solução para a questão feminina não está nesse tipo de iniciativa periférica, mas sim em ações concretas, essenciais, que garantam a igualdade de direitos.

De outra parte, as línguas se formam a partir de uma base cultural que se constrói durante séculos, milênios. Não houve na história da humanidade um caso sequer em que o uso da língua tenha sido imposto por governantes; nem mesmo o todo-poderoso Império Romano o fez, tanto é verdade que em cada região onde impôs seu poder novas línguas foram se formando em substituição ao latim. As línguas não são impostas; pelo contrário, elas é que se impõem.

Portanto, leis não têm poder sobre o uso dos idiomas. Poderão – e assim mesmo com alta rejeição – modificar aspectos periféricos, como formas de grafia, mas nunca sua essência; esta só se modifica de forma espontânea, em ritmo de processo lento, porque em função de mudanças culturais, estruturais.

De outra parte, quando se estuda a ciência da Linguística, aprende-se que há apenas um gênero gramatical marcado, que é o feminino. Assim, quando alguém quiser se referir exclusivamente à mulher, obrigatoriamente usará o feminino; em todos os demais casos, deve-se usar o que chamamos de masculino, que, na verdade, é a forma agenérica, ou, preferindo, transgenérica, isto é, engloba os dois gêneros.

A questão leva de imediato ao caso da ex-presidente Dilma, que preferia ser chamada de *presidenta*, em vez de *presidente*, e se transformou em polêmica político-ideológica. No entanto, a situação não é a mesma, pois há dicionários que abrigam a opção entre as duas formas; aliás, é o único caso em que se admite a distinção, pois todos os demais substantivos terminados em *-nte* têm forma igual para feminino e masculino.

Neutralização do gênero: pior a emenda que o soneto

Transcrevo mensagem recebida do conhecido advogado Celso Tadeu Noschang a respeito da forma inclusiva de gênero: "Oportuníssimo seu artigo sobre a tentativa de impor o uso do feminino quando nos referimos aos dois sexos (sim, sexos) em nossas manifestações. Trata-se de ideologização, do politicamente correto. A língua repele tal iniciativa. A doutrinação e a politização são extremamente necessárias, válidas e aceitáveis quando adequada a ocasião. Não em qualquer momento ou situação."

Mas, eis que surgiu a ameaça de uma novidade: em vez da forma inclusiva de gênero, alguém teve a *brilhante* ideia de criar uma solução neutra única; a grande vantagem sobre a inclusiva é que, por ser neutra, serve tanto para homens como para mulheres. E foi num tradicional colégio do Rio de Janeiro, o Liceu Franco-Brasileiro, que passou a saudar seus alunos pela forma *queridos alunes*, em vez do tradicional *queridos alunos*, ou como seria a forma inclusiva *queridos(as) alunos(as)*.

De imediato me surgiu a pergunta: Se no decorrer da mensagem tivesse que incluir o artigo, certamente seria assim: "Saudamos *es queridos alunes*". Seria coerente, não é? Mas se tivesse que incluir pais e mães, como seria a forma neutra, que não fosse masculina nem feminina? E para professores, qual ficaria valendo? O leitor deve estar concluindo que para advogadas e advogados a forma seria *advogades*; para magistrados e magistradas, *magistrades*, e assim por diante.

Felizmente, devido à pressão exercida pelos veículos de comunicação, com forte atuação do meu amigo Prof. Sérgio Nogueira, o Franco-Brasileiro foi sensato, voltando atrás.

O que pode justificar iniciativas como a desse estabelecimento de ensino e de governantes que têm esse tipo de iniciativa? Uma coisa é certa: não consultaram qualquer especialista na ciência chamada Linguística, pois este diria de imediato algo parecido com o que afirmou, de maneira clara e simples, o Prof. Sérgio Nogueira quando consultado: "Não acredito que isso venha a funcionar. A língua não se faz de fora para dentro. Não se cria uma regra e se impõe. O funcionamento de uma língua é natural, é espontâneo. Não acredito em imposições."

Se não fosse assim, por exemplo, estaríamos falando latim, pois o Império Romano tinha poderes para impor tudo que quisesse, ou melhor, quase tudo, pois não conseguiu impedir que novas línguas se criassem a partir do latim, num processo cultural espontâneo que não se deu de uma hora para outra, muito menos foi imposto por alguém com o poder da caneta e/ou das armas.

A origem dessas iniciativas é sempre a mesma: a vontade de estabelecer a igualdade de poder entre homens e mulheres, ou, como outros preferem, o *empoderamento* feminino. Segundo seus defensores, a forma consagrada é machista, na medida em que o masculino abrange tanto o homem quanto a mulher, tanto que a regra gramatical determina que basta haver um homem no grupo para a forma correta ser o chamado masculino. É machismo? Pode ser, mas é a que o uso consagrou; não foi imposta por qualquer autoridade, nem pelos gramáticos, que não têm esse poder. Qualquer mudança só poderá ocorrer se o uso consagrar. Poderá acontecer, mas é processo, e como processo não será de uma hora para outra. Outra coisa certa: não será por medida legal; esta, assim como qualquer norma, só se dá por exigência da sociedade.

Não se está aqui assumindo posição contrária à da igualdade de direitos entre homens e mulheres. Abomino qualquer discriminação, seja de gênero, de religião, de raça ou de clube de futebol. No entanto, pergunto: esse tipo de ação poderá contribuir efetivamente para a igualdade de gêneros? Estará aí a salvação da causa justa feminina? Se estivesse, eu estaria a favor. Minha convicção é a mesma do Prof. Sérgio Nogueira: "Há caminhos mais importantes para se combater o machismo".

O que significa *achacar*?

Tratou-se de uma disputa jurídica entre duas advogadas, a OAB e o Tribunal Regional do Trabalho da 4.ª Região. A polêmica envolve o significado com que foi utilizada a forma verbal *achacou*, do verbo *achacar* em referência ao juiz Guilherme da Rocha Zambrano, por uma advogada que atuou representando a OAB-RS, Subseção de Cachoeirinha, que teria sido acusado de *achacar* a advogada.

O juiz ingressou com uma ação pleiteando indenização por danos morais na 2.ª Vara Federal da Capital. A sentença da juíza Paula Beck Bohn acatou a solicitação, condenando a OAB a indenizar o magistrado no valor de R$ 10 mil por danos morais. A OAB recorreu, mas a 4.ª Turma do Tribunal Regional Federal da 4.ª Região, que teve como relator o juiz Marcos Josegrei da Silva, acatou integralmente a sentença proferida pela juíza da 2.ª Vara.

Teria mesmo a advogada cometido grave e injusta acusação ao magistrado ao declarar que ele a *achacou*? Obviamente, não me cabe julgar o mérito, primeiro porque não sou magistrado e segundo porque sequer tenho formação jurídica. Então, vou me manter na minha esfera de professor de Língua Portuguesa, com formação em Linguística.

As palavras não têm sentido único nem imutável. Seu verdadeiro significado sempre dependerá do contexto em que são utilizadas, das intenções de quem as usa. Se não fosse assim, *vilão* não teria o sentido pejorativo com que pode ser usada essa palavra, mas continuaria sendo simples referência ao morador da vila, ou, quem sabe, o aumentativo de *vila*, e *estrela* seria usada apenas para referir o ponto luminoso que vemos no firmamento.

Verifique o leitor o grau de polissemia de *achacar*, conforme o *Dicionário Houaiss da Língua Portuguesa*: causar aborrecimento, molestar, desagradar; apontar defeito, censurar, tachar, acusar; ter achaques (adoecer); dar motivo, alegar, pretextar; roubar com ameaças, com intimidação; extorquir dinheiro. Além disso, deve-se levar em consideração que os dicionários não conseguem acompanhar com a desejável rapidez a evolução cada vez mais acelerada do significado das palavras.

Com qual ou quais desses significados a palavra foi usada pela advogada? Isso só pode ser aferido, se é que pode, nos autos do processo, ouvindo as partes e testemunhas e interpretando o contexto, as intenções, sob o domínio das leis e na posse de boas técnicas jurídicas. Missão, portanto, para quem tem a difícil tarefa de julgar e de ser justo em quaisquer circunstâncias.

Expressões à beira da consagração

Entre as muitas palavras e expressões usadas com frequência em sentido que não lhes corresponde, há quatro à beira da consagração, mas devem ser evitadas:

▶ **Através de.** Esta expressão traz em seu bojo o sentido de *atravessar*: Seu olhar através da janela (refere-se a um olhar que atravessa a janela). A água que passa através dos canos (que atravessa os canos de fora a fora). Uma viagem através do oceano (que atravessa o oceano). Uma viagem através da Idade Média (que atravessa a Idade Média). Em todos esses exemplos, a expressão está usada corretamente.

Usos equivocados: João, através de seu advogado, propõe ação, contesta, recorre, etc. (João não atravessa o advogado). Ele recorreu através de uma ação que pleiteia a indenização por danos morais (o recurso não atravessa a indenização). A autoridade se manifestou através das redes sociais (a autoridade não atravessa as redes sociais).

As opções mais comuns para fugir desse uso indevido são *por, por meio de, por intermédio de*: João, por intermédio de seu advogado, propõe, contesta, recorre. Ele recorreu por meio de uma ação... A autoridade se manifestou pelas redes sociais.

▶ **Comum acordo.** A todo momento, ouve-se e se lê esta expressão, inclusive no meio forense, apesar de ela ser sempre redundante. Ou será que existe acordo que não seja em comum? Em que não haja comunhão de vontades?

Alguns exemplos: As partes chegaram a um comum acordo. Empregados e empregadores entraram em comum acordo. A direção e os servidores celebraram um comum acordo. De comum acordo, o impasse foi resolvido.

Mais do que nunca, o leitor não tem tempo a perder, implorando por economia na linguagem, razão por que as redundâncias são abominadas. Estamos de acordo?

▶ **Correr atrás do prejuízo.** Convenhamos que é estranho alguém deixar de correr atrás do lucro, da vantagem, para fazê-lo em busca do prejuízo, do dano. No entanto, é comum ouvirmos, em especial na linguagem esportiva, que o time corre atrás do prejuízo ao levar um gol, uma cesta, ao perder uma parte da competição. Ou será que está querendo um prejuízo ainda maior, quer levar mais gol? O certo é que ninguém, de sã consciência, corre atrás do prejuízo, e sim do lucro, da vantagem.

▶ **Concessão de desconto.** Ainda na seara do futebol, o juiz costuma acrescentar alguns minutos após o transcurso do tempo regulamentar, com o objetivo de compensar certas interrupções no andamento do jogo. Antes mesmo de isso acontecer, afirmam que o juiz concederá descontos, como se determinasse o final da partida antes do tempo regulamentar. É, portanto, uma afirmação contraditória que faz lembrar outra de tempos atrás, hoje felizmente abolida da linguagem futebolística, que dizia o goleiro ter atacado muito, quando, na verdade, tinha feito grandes defesas.

Esses exemplos servem, sobretudo, para lembrar que a permanente atenção ao significado é uma exigência vital para quem escreve.

Posto que / Eis que

Estão aí duas expressões bem afinadas com o gosto da linguagem rebuscada, cujo uso se difundiu de forma equivocada em muitos meios, em especial na linguagem jurídica, sendo encontradas em sentenças e acórdãos de todos os tribunais do País, em pareceres de procuradores de Justiça, em iniciais de processos de toda ordem, e por aí afora.

▶ **Posto que:** o sentido desta expressão é de *embora*, e não de *pois, porque*, como vem sendo usada em profusão. Por certo, essa preferência se deve ao fato de o elaborador do texto entender que se trata de uma expressão de nível mais erudito do que os singelos *porque, pois, visto que, uma vez que* (melhor que *vez que*), entre outras opções. Como se pode observar, há formas para variados gostos, mas a preferência vem recaindo exatamente por forma equivocada. Exemplo desse uso: O réu foi condenado, posto que infringiu a lei. Exemplo de uso adequado: Abandonou a carreira, posto que (embora) tivesse talento.

O poeta Vinicius de Moraes, em seu famoso *Soneto da fidelidade*, certamente contribuiu para a consagração do equívoco ao usar a expressão em seu verso "Que não seja imortal, posto que chama". Em defesa de Vinicius, lembre-se que os poetas gozam do que se chama licença poética, que os libera para incorrer em pequenos desvios gramaticais e quando querem atribuir novos significados às palavras, desde que isso contribua para a sonoridade, o ritmo, a rima ou a métrica do poema. Acrescente-se que essa mesma licenciosidade se estende à música, pelas semelhanças que tem com a poesia.

A propósito do famoso verso de Vinicius, o Dr. Carlos Alberto Bencke, culto e sempre atento, questiona se o poeta usou ou não a forma verbal *é* antes de *chama*.

De fato, essa forma verbal em nada contribui diretamente para o significado do verso, sem contar que sua omissão não causaria qualquer problema à métrica, ao ritmo e à sonoridade. No entanto, há uma questão envolvendo o significado de *chama*, que o poeta deve ter levado em conta: em vez de substantivo, sem o uso de *é*, *chama* poderia passar a ser a terceira pessoa do singular do presente do indicativo de *chamar*, induzindo o leitor a um significado indevido. Entendo que tenha sido essa a razão de o poeta ter optado pelo uso desse pobre mas sempre presente verbo de ligação.

▶ **Eis que:** o uso correto desta expressão se dá, em regra, em situações inesperadas, de surpresa, como em: "Tudo parecia esclarecido, eis que surgiu um fato novo". No entanto, assim como *posto que*, vem sendo usada com o sentido de *porque, pois, visto que, uma vez que* (melhor que *vez que*), como no exemplo: "O réu deve ser absolvido, eis que é inocente".

Mais uma vez, é hora de lembrar: quem escreve não tem o direito de abrir mão da permanente atenção ao significado do que está sendo escrito.

Consequências do mau uso da língua

O contador Renato José de Lima escreveu longa mensagem em que expressa sua inconformidade com o mau uso que se faz do nosso idioma nos mais variados meios. Em tom de desabafo, afirma serem infrutíferas pregações como as que faço.

Você tem razão, Renato, em especial em relação aos aspectos apontados, que estão entre os mais recorrentes. Apenas entendo ser um excesso considerar inútil nosso esforço, pois temos a convicção de que bom número de leitores tira proveito, buscando aperfeiçoar sua comunicação; não tenho qualquer dúvida de que obtém vantagens de ordem profissional e social quem assim procede, sem contar a satisfação pessoal que se extrai de um texto bem escrito. Só isso já seria razão suficiente para persistirmos neste trabalho.

Entre os problemas que você apresenta está o do equivocado emprego dos pronomes demonstrativos, em especial de *este* e *esse*. Sem dúvida, é erro dos mais recorrentes, inclusive no meio culto, onde insiro a linguagem jurídica. O que agrava o equívoco é o fato de alterar completamente o significado do que se pretende afirmar. Quando, por exemplo, alguém usa *esse país*, está fazendo referência a outro país, e não ao nosso, como é a intenção.

Outro caso que você aponta é a necessidade de atenção em relação ao significado que se quer produzir. Você cita este exemplo:

"O Inter ganhou esta manhã do Barcelona". Se não desconfiássemos de que quisesse se referir à vitória do Inter sobre o Barcelona, entenderíamos que o Inter ganhou uma tarde de presente do outro clube.

A preferência pelo tempo presente

Renato José de Lima também questiona o uso do verbo no tempo presente por parte dos veículos de comunicação. Trata-se, meu caro Renato, de uma estratégia de aproximação com o ouvinte ou leitor: narrar no passado causa a impressão de afastamento, enquanto o uso do futuro traz a sensação de demora, optando-se, por isso, pelo presente, pois passa a ideia de algo que não vai demorar.

Na literatura, é usual narrar a história no presente com o sentido de passado, com o único objetivo de prender o leitor por aproximá-lo dos fatos narrados, pois ele se identifica mais com o presente.

2
SINTAXE E O CULTIVO DAS BOAS RELAÇÕES

2.1. CONCORDÂNCIA VERBAL

Tu / Você

Nos diálogos das relações pessoais e sociais, há dois pronomes em uso no Brasil: em algumas regiões, o preferencial é *você*; em outras, prefere-se *tu*. Este último é reconhecido como de uso exclusivo do gaúcho, quando, na verdade, é usado em diversas outras regiões do país. De outra parte, na sua origem, *você* é pronome de tratamento: começou como *Vossa Mercê*, passou por *vosmecê* e acabou em *você* (juntando as sílabas inicial – *vo* e final – *cê* do tratamento).

Os pronomes de tratamento têm como característica o fato de serem de segunda pessoa gramatical, mas levarem o verbo e o pronome possessivo para a terceira pessoa, o que também se consagrou em relação a *você*, justamente por ser pronome de tratamento na sua origem.

O fato de exigirem a concordância em pessoas gramaticais diferentes ocasiona um dos erros de concordância mais presentes no uso da língua portuguesa em todos os níveis culturais. Um dos mais reconhecidos é aquele que se atribui ao gaúcho: usa o pronome de segunda pessoa, mas conjuga o verbo na terceira, como em *tu viu*, quando o correto seria *tu viste*; na escolha do pronome possessivo, normalmente acerta: *teu amigo também*. Outra versão do mesmo erro ocorre entre os que usam *você* em vez de *tu*: acertam na concordância do verbo: *você viu*, mas erram no pronome possessivo por usá-lo na segunda pessoa: *teu amigo também*, em vez de *seu amigo também*.

Nas comunicações formais, como na redação oficial, usam-se os pronomes de tratamento: *Vossa Excelência* (para altas autoridades) e *Vossa Senhoria* (para as demais autoridades e cidadãos em geral), entre outras formas de uso mais restrito. No uso do pronome de tratamento, outro erro se manifesta com frequência: em vez de usar o pronome possessivo de terceira pessoa (*seu, sua, seus, suas*), muitos optam, equivocadamente, pelo de segunda pessoa (*vosso, vossa, vossos, vossas*), induzidos ao erro pela presença de *vossa* no pronome de tratamento; exemplo: *Vossa Excelência e vossa comitiva*, em vez de *Vossa Excelência e sua comitiva*.

Como se conclui, o assunto requer atenção.

Intimidade indevida

Jamais me esquecerei de uma entrevista coletiva concedida pelo então eleito Presidente da República Tancredo Neves. Diversos jornalistas se aproximaram do Presidente a ponto de lhe enfiarem os microfones na boca. Incomodado com a falta de respeito dos profissionais de comunicação com a figura da autoridade, o Presidente solicitou que todos se afastassem um pouco, dando-lhe liberdade de se expressar igualmente para todos.

O mesmo incômodo sinto com certas intimidades assumidas por alguns profissionais da comunicação ao se dirigirem a altas autoridades usando *você* ou *tu*: "Governador, você disse há pouco...", ou até mesmo o artigo definido, ainda mais íntimo: "O Eduardo Leite afirmou que", "O Bolsonaro se dirigiu aos jornalistas", "A Dilma disse que...". Por mais que se goste ou não se goste de determinada autoridade, não se trata de um contexto de intimidade; o cargo impõe a necessidade de respeito, de distância protocolar.

O profissional de comunicação, não importa de que veículo seja, é difusor natural do bom ou mau comportamento humano, tendo, portanto, compromisso pedagógico com seus ouvintes e leitores. Não é necessário, nem recomendado, que numa entrevista o interlocutor use o pronome de tratamento *Vossa Excelência*, reservado para situações de maior formalidade, mas, sim, o respeitoso *senhor* ou *senhora*.

O tratamento correto depende sempre do contexto em que se dá a comunicação. Se, por exemplo, o mesmo entrevistador for amigo da autoridade entrevistada e se encontrar informalmente com ela, a situação é completamente diversa, devendo aí, sim, usar forma de intimidade, como *você*, ou mesmo nosso *tu*.

Algumas discordâncias

Um dos erros mais frequentes nos textos que leio é o que envolve questões de concordância, tanto de gênero quanto de número, sem contar o equivocado uso da pessoa gramatical. O acerto passa sempre pela correta aplicação do princípio geral da concordância verbal: o verbo sempre concorda com seu sujeito. Vejamos alguns casos concretos:

▶ São bens de consumo durável(is). Procuremos o sujeito: O que é durável? Os bens ou o consumo? É claro que os bens é que são duráveis. Então só falta fazer o verbo concordar com seu sujeito *bens*: *São bens de consumo duráveis.*

▶ Essa garota vai fazer carreira rápida(o). Se a intenção é informar que a menina se consagrará rapidamente, em pouco tempo, deve-se utilizar advérbio, e não adjetivo: *Essa garota vai fazer carreira rápido (rapidamente).* Se a intenção é afirmar que a carreira dela não durará, o correto é utilizar a forma adjetiva: *Essa garota vai fazer carreira rápida.* É quando se aplica uma regra que todos decoraram: ao contrário do adjetivo, o advérbio não varia..., mas poucos a aplicam, justamente por não saberem distinguir adjetivo de advérbio, que no caso assume forma igual à do adjetivo masculino.

▶ **Elas estão só(s) no sacrifício.** Novamente se está envolvido com o uso de palavra que pode ser adjetivo e advérbio. Com o sentido de *somente*, é advérbio; na acepção de *sozinho*, é adjetivo. É possível que elas estejam somente no sacrifício, ou seja, afastadas dos bons momentos? É possível e até comum em alguns meios. Se for isso, a frase estará correta sem a flexão, pois *só* será advérbio. Se, no entanto, a intenção for informar que elas estão sozinhas no sacrifício, e ninguém mais, terá que ser usada a forma adjetiva, aquela que flexiona. Assim: *Elas estão sós (sozinhas) no sacrifício.*

▶ **Haja vista(o) o entendimento nacional...** A expressão correta é sempre *haja vista*, porque se formou a partir do substantivo *vista*, e não da forma verbal *visto*.

▶ **A autoridade disse que poderá(ão) faltar alimentos.** Vamos achar o sujeito? O que é que poderá faltar? Resposta: alimentos. Portanto, só falta aplicar a máxima da concordância: o verbo sempre concorda com seu sujeito. Assim: *A autoridade disse que poderão faltar alimentos.* Aliás, basta ficar atento à reclamação do Word: em caso de digitação errada, ele vai marcar.

▶ **Faz(em) trinta anos / trinta graus.** Quando se refere a tempo, não importa se cronológico ou meteorológico, o verbo *fazer* é impessoal, ou seja, não pode ir para o plural. Portanto: *Faz trinta anos / trinta graus.*

▶ **É preciso que haja(m) mudanças profundas no País.** Precisamos, por exemplo, perder essa mania de flexionar o verbo *haver* nos sentidos de *ocorrer* e *existir*, mantendo-o sempre na forma impessoal: *há, havia, haverá, houve, haveria, haja, houvesse*, ... Ocorre que *mudanças profundas* é complemento do verbo *haver*, o qual, por não ter sujeito, não tem com quem concordar; por essa razão é que se mantém na forma impessoal (terceira pessoa do singular). O engraçado é que nunca vi nem ouvi alguém flexionar esse verbo para o plural no presente do indicativo, como neste exemplo: *Há muitos problemas no País*. Ninguém diria: *Hão muitos problemas no País*, não é mesmo? Por que seria diferente com os demais tempos verbais?

▸ **É para mim(eu) fazer?** Vamos perguntar: Quem fará? Resposta: Eu. Portanto: *É para eu fazer?*

▸ **Isto é para mim?** E agora? Agora o sujeito do verbo é *Isto*, enquanto *mim* tem função de complemento. Em outras palavras, enquanto *eu* tem função de sujeito, *mim* será sempre complemento.

▸ **Como não se resolveu(eram) essas dúvidas, o processo foi suspenso.** Vamos procurar o sujeito: O que é que não se resolveu? Resposta: Essas dúvidas. Portanto: *Como não se resolveram essas dúvidas, o processo foi suspenso.*

▸ **Imagine(m)-se as dificuldades.** De novo, vamos achar o sujeito? O que é que se imagine: Resposta: As dificuldades. Portanto: *Imaginem-se as dificuldades.* Cuidado: Usando a forma ativa do verbo (sem o pronome apassivador *se*), muda o sujeito, pois *as dificuldades* passa a ser complemento, podendo o sujeito variar: *Imagina (tu) as dificuldades. Imagine (você ou ele) as dificuldades. Imaginem (vocês ou eles) as dificuldades. Imaginemos (nós) as dificuldades. Imaginai (vós) as dificuldades.*

▸ **Sobrou(aram) duas toneladas de alimentos.** Outra vez, vamos atrás do sujeito. O que é que sobrou? Resposta: Duas toneladas de alimentos. Portanto: *Sobraram duas toneladas de alimentos.*

Ordem direta e concordância verbal

Repetindo: o verbo sempre concorda com seu sujeito. Todos decoraram este princípio geral da concordância verbal, mas poucos o adotaram. Por quê? Porque a maioria não procura o sujeito, tornando a regra sem efeito. Tomemos um exemplo bem simples:

▶ Se fatos novos não ocorrer(em)... Vamos achar o sujeito perguntando ao verbo: *O que não ocorre?* Resposta: *fatos novos*. Portanto, o verbo concorda com *fatos novos*; daí *ocorrerem*. Neste exemplo, o sujeito está em sua posição normal, ou seja, antes do verbo. Por essa razão, dificilmente alguém erraria. No entanto, ao colocarem o sujeito depois do verbo, muitos, por não o procurarem, errariam, escrevendo: *Se não ocorrer fatos novos...*, e assim descumpririam o princípio da concordância. No exemplo, para fazer o verbo concordar com seu sujeito, a forma correta é esta: *Se não ocorrerem fatos novos...*

O melhor caso a examinar é o da primeira frase do Hino Nacional: *Ouviram do Ipiranga as margens plácidas de um povo heroico o brado retumbante.* Vamos achar o sujeito: *Quem ouviu?* Resposta: *As margens plácidas*; como o verbo tem que concordar com o sujeito, só pode ser *ouviram*. Mas as margens ouvem? É claro que se trata de figura de linguagem. Aliás, são poucos os brasileiros que entendem o significado dessa frase, apesar de muitos se emocionarem quando a cantam. Observe o leitor como o entendimento ficaria fácil se o período estivesse na ordem direta, isto é, o sujeito antes do verbo e o objeto direto (*o brado retumbante*) imediatamente após o verbo, antes do complemento nominal (*de um povo heroico*): *As margens plácidas do Ipiranga ouviram o brado retumbante de um povo heroico.*

Conclusão: A não ser que a frase ganhe vigor, evite-se escrever em ordem indireta, por duas razões: primeiro, porque a ordem direta simplifica e acelera o entendimento do significado da frase (isso é da maior importância em tempos acelerados como os que vivemos) e, segundo, não se corre o risco de incorrer em erro de concordância.

A importância da identificação do núcleo do sujeito

O Dr. José Augusto de Mello Nogueira, de São Paulo, pediu para esclarecer uma recorrente questão de concordância verbal. Disse ter lido em artigo jurídico a seguinte frase: "Os efeitos patrimoniais da união estável são questão altamente tormentosa" e quer saber se a concordância está correta, ou se poderia ser: "Os efeitos patrimoniais da união estável é questão altamente tormentosa".

O princípio da concordância é que o verbo sempre concorda com seu sujeito; afinal, é dele que ele informa algo. Então, vamos achar o sujeito: O que é questão altamente tormentosa? Resposta: Os efeitos patrimoniais da união estável. Resta saber qual é o núcleo do sujeito, que será sempre um substantivo ou seu substituto, o pronome. No caso, o núcleo é *efeitos*, substantivo plural, que, portanto, faz o verbo também assumir a forma plural: *são*. Para que o verbo fosse conjugado no singular, a frase teria que sofrer mudança: "Questão altamente tormentosa é a dos efeitos patrimoniais da união estável". Agora o sujeito é "questão altamente tormentosa", tendo como núcleo o substantivo *questão*. Portanto, o verbo ficaria no singular: "A questão dos efeitos patrimoniais da união estável é altamente tormentosa".

Observe o leitor como a língua é flexível, oferecendo solução para todos os gostos.

Era uma vez...

Leitor pergunta qual a forma correta: "Era uma vez 20 advogados de 12 comarcas diferentes", ou: "Eram uma vez ...". A origem dessa forma está nos contos de fadas, que sempre começam assim: "Era uma vez... duas princesas..." Por que *era*, e não *havia*? Porque, convenhamos, *havia* não seria forma adequada para crianças; em seu lugar, optou-se pela singela forma *era*; portanto, este *era* na verdade significa *havia*, do verbo *haver* impessoal (quando tem o sentido de *existir* ou *ocorrer*), assumindo inclusive sua impessoalidade. Portanto, o correto é: "Era uma vez 20 advogados de 12 comarcas diferentes".

2.2. COLOCAÇÃO DO PRONOME OBLÍQUO

O que determina a colocação do pronome oblíquo é a eufonia, ou seja, o bom som. Em outras palavras, tudo o que prejudica o bom som deve ser evitado. Esse princípio faz com que a norma não seja absoluta e, além disso, de difícil assimilação, porque em regra as pessoas não tiveram seu ouvido educado para a identificação dos maus sons, das cacofonias.

As três posições possíveis

- Ênclise: Entende-se – Pronome depois do verbo.
- Próclise: Não se entende – Pronome antes do verbo.
- Mesóclise: Entender-se-á – Pronome no meio do verbo.

Para facilitar o entendimento da questão, parte-se do princípio de que a posição normal é a ênclise. Portanto, excluindo-se os casos a seguir, deve-se preferir o uso do pronome após o verbo.

Primeira regra: Não se inicia frase com pronome oblíquo.

Próclise

A – Usa-se a próclise sempre que houver palavra ou expressão que atraia o pronome para antes do verbo, como nos seguintes casos:

1. Com as palavras que expressam negação: Jamais *me* peça isso. / Não *o* conheço.
2. Com o pronome relativo: O advogado ficou atento às instruções que *lhe* foram passadas. / Esse é o cidadão de que *lhe* falava.

3. Com as conjunções subordinativas, mesmo quando subentendidas: Saiu cedo, porque *o* buscavam. / Quando *a* vejo e (quando) *a* escuto, sinto profunda alegria.
4. Com os advérbios, os pronomes pessoais, os pronomes demonstrativos e os pronomes indefinidos, quando próximos do pronome oblíquo e não interrompidos por pontuação: Aqui *nos* encontramos a primeira vez. / Eu *o* avisei. / Aquilo *lhe* abriu os olhos. / Alguém *o* alertara.

B – Outros casos de próclise:

1. Nas frases exclamativas e interrogativas: Quanto *se* erra! / Quem *se* opõe?
2. Nas frases que expressam desejo: Bons ventos *te* conduzam.
3. Com o infinitivo regido de preposição: Eles vieram para *nos* transmitir mais segurança.
4. Com o gerúndio regido da preposição *em*: Em *o* inocentando, fez-se justiça.

Mesóclise

Usa-se mesóclise apenas no futuro do presente e no futuro do pretérito do indicativo, desde que, de acordo com as regras acima, não seja caso de próclise: Conceder-*lhe*-emos ampla possibilidade de defesa. No entanto, se for usado o pronome pessoal, este atrai o pronome oblíquo para antes do verbo: Nós *lhe* concederemos ampla possibilidade de defesa.

Frase iniciando com pronome oblíquo?

Frase ouvida de consagrado locutor de rádio pelo advogado Antonio Silvestri que causou dor de ouvido:

Nos faça um histórico.

Qual o problema? Ocorre que, salvo em raras situações de estética literária e de liberdade poética, não se deve iniciar frase com pronome oblíquo, porque em geral isso resulta em cacofonia, daí a dor de ouvido acusada pelo Dr. Silvestri, sem contar que a frase perde em ênfase. Portanto, corrija-se para:

> Faça-nos um histórico.

Se prestar bem atenção, o leitor perceberá que a frase resultou mais vigorosa e sem cacofonia. Mais uma vez resulta provado que as regras existem por alguma razão; descobrir essa razão é o caminho mais seguro para a fixação de padrões corretos de linguagem.

O pronome oblíquo na função de complemento verbal

Uma das questões de maior incidência de erros é a que envolve o uso do pronome oblíquo em substituição aos nomes que cumprem função sintática de objeto direto ou de objeto indireto.

Exemplo: Vim aqui para *abraçá-lo* ou para *abraçar-lhe*? A solução da dúvida será encontrada na identificação da regência do verbo *abraçar*: quem abraça, abraça alguém, e não a alguém. Portanto, trata-se de verbo transitivo direto, requerendo objeto direto, ou seja, *abraçá-lo*.

Outro exemplo: É preciso obedecer às leis. Trocando *às leis* por pronome oblíquo, qual a forma correta: *obedecê-las* ou *obedecer-lhes*? Neste caso, por se tratar de objeto indireto, a forma correta é *obedecer-lhes*.

Regra: os pronomes *o, a, os, as* e suas variações: *lo, la, los, las, no, na, nos, nas* só poderão ser usados na função de objeto direto. Para a função de objeto indireto, os pronomes corretos serão *lhe, lhes*.

2.3. REGÊNCIA VERBAL

A regência verbal é um dos aspectos mais complexos e controvertidos da língua portuguesa. Há livros volumosos sobre o assunto, de autoria de importantes gramáticos, que confessam não terem conseguido esgotar o assunto. Assim, a prática da escrita impõe que se conheça a regência daqueles verbos de uso frequente. Abordamos alguns deles.

▶ **Aspirar:** Quando usado para expressar um objetivo, uma meta, exige a preposição *a*:

> Ele aspira a uma vitória nos tribunais.

Nos demais sentidos, é transitivo direto, ou seja, não requer qualquer preposição; caso mais frequente é aquele em que é usado com os sentidos de inalar, cheirar:

> Gosto de aspirar bons perfumes.

▶ **Assistir:** Com o sentido de dar assistência, é transitivo direto:

> Cabe ao advogado assistir seu cliente.
> Os médicos assistiram os acidentados.

Quando usado no sentido de ser espectador, rege a preposição *a*:

> Quando estudante, costumava assistir a júris.
> Gosto de assistir a jogos de futebol.

▶ **Avisar:** É verbo transitivo direto e indireto, ou seja, bitransitivo, admitindo duas formas de regência diferentes: "avisar alguma coisa a alguém" ou "avisar alguém de alguma coisa". Exemplos:

> Avisamos o presidente de que ocorreu uma irregularidade.
> Avisamos ao presidente que ocorreu uma irregularidade.

Têm regência igual: certificar, informar, comunicar, lembrar, proibir, incumbir, notificar.

▶ **Comparecer:** É sempre transitivo indireto, isto é, requer alguma preposição. Quando usado em referência a lugar, a preposição exigida é *em*:

> O consumidor compareceu na repartição para manifestar sua contrariedade.

Nos demais casos, deve-se preferir a preposição *a*:

> O acusado não compareceu à audiência.

▶ **Constar:** No sentido de compor-se, rege a preposição *de*:

> O processo consta de 30 laudas.

Quando usado na acepção de estar registrado, a preposição exigida é *em*:

> Todas essas informações devem constar no processo.

▶ **Convidar:** Convida-se alguém para alguma coisa, ou seja, a pessoa convidada será sempre objeto direto e o assunto do convite, objeto indireto:

> Convidou os presentes para ouvirem o Hino Nacional.

▶ **Corroborar:** Corrobora-se algo, e não com algo:

> As provas corroboram a tese da defesa.

Errado: As provas corroboram com a tese da defesa. Trata-se de erro muito comum na linguagem jurídica.

▶ **Implicar:** Nos sentidos de não concordar, antipatizar, exige a preposição *com*:

> O advogado costuma implicar com seus oponentes.

No sentido de envolver, é bitransitivo, isto é, exige um objeto direto e um indireto:

> Costuma implicar os colegas nas suas confusões.

Quando usado com o significado de ter como consequência, não requer preposição, sendo, portanto, transitivo direto:

O não cumprimento do contrato implicará sua rescisão.

Em regra, o erro ocorre nesta última acepção.

▶ **Morar, residir, situar(-se), estabelecer(-se):** Todos são transitivos indiretos, exigindo a preposição *em*: Mora-se, reside-se, situa-se, estabelece-se em alguma rua ou local:

Mora na Rua do Arvoredo.
Reside em Santa Helena.
Situa-se no centro da cidade.
Estabeleceu-se na Rua da Igreja.

> **Importante:** *Sito* é o particípio reduzido de *situado*, do verbo *situar*, tendo por isso a mesma regência. Portanto, "sito na Rua do Arvoredo", e não "sito à Rua do Arvoredo".

▶ **Obedecer / Desobedecer:** Exigem sempre a preposição *a*:

Obedeça aos sinais de trânsito.
Sofrem restrições apenas os que desobedecem às leis.

▶ **Oficiar:** Com o sentido de celebrar, é transitivo direto: Oficiou a missa, o culto, a cerimônia, a solenidade. Com o significado de comunicar oficialmente, rege a preposição *a*. Portanto: Oficiou ao Presidente da OAB, ao tribunal, ao magistrado, à secretária, à autoridade.

▶ **Perdoar:** A pessoa a quem se perdoa será sempre objeto indireto, requerendo a preposição *a*:

A empresa perdoou ao devedor.

Aquilo que é perdoado será sempre expresso por objeto direto:

O magistrado perdoou a intromissão indevida da testemunha.

▶ **Perguntar / Responder:** Obedecem a dupla transitividade, mas não admitem formas alternativas. Pergunta-se ou responde-se algo a alguém; em outras palavras, o assunto da pergunta ou da resposta será sempre objeto direto, enquanto a pessoa a quem se pergunta ou responde será objeto indireto. Exemplos:

O magistrado perguntou à testemunha.
A testemunha respondeu ao magistrado.
O magistrado perguntou o que queria esclarecer.
A testemunha respondeu todos os questionamentos feitos.

▶ **Proceder:** Com o sentido de realizar, exige a preposição *a*:

A polícia está procedendo a um minucioso inquérito.

Com o sentido de originar-se, rege a preposição *de*:

Ele procede do interior do Estado.

Na acepção de ter fundamento, é verbo intransitivo:

A acusação não procede.

▶ **Querer:** No sentido de desejar, é transitivo direto:

Quero paz.

No sentido de estimar, rege a preposição *a*:

Todos querem ao chefe.

▶ **Servir:** Pode ser intransitivo:

Isso não serve.
Seu único objetivo é servir.

Pode ser bitransitivo (transitivo direto e indireto):

Serviram-lhe o almoço.

Nos sentidos de prestar serviço, de ser oportuno, de ser causa e de ter serventia, é transitivo indireto, podendo reger as preposições *a, em* ou *de*:

> Serve a todos.
> Serviu na Aeronáutica.
> A vitória serviu de alento.

Nos sentidos de prestar serviços a, ser útil, ajudar e de pôr na mesa, é transitivo direto:

> Serve o presidente há muito tempo.
> Gosta de servir os pobres.
> Finalmente serviu o almoço.

▶ **Solicitar:** Solicita-se alguma coisa a ou de alguém. Portanto, aquilo que se solicita será sempre objeto direto, enquanto a pessoa, órgão ou setor a quem se solicita será sempre objeto indireto, exigindo as preposições *a* ou *de*:

> Solicitei cópia do documento.
> Solicitei cópia a eles.
> Solicitei a colaboração deles.

▶ **Suceder:** Com o sentido de acontecer, é transitivo direto:

> Sucedeu que todos perdemos.

Com o sentido de vir depois exige a preposição *a*:

> Sucedeu ao pai.

▶ **Visar:** Pode ser usado com pelo menos três sentidos diferentes: de assinar (registrar o visto), de mirar (o alvo) e de ter como objetivo. Com os dois primeiros significados, trata-se de verbo transitivo direto:

> Visei o documento.
> O atirador visou o alvo.

Com o sentido de ter como objetivo, requer sempre a preposição *a*:

> A iniciativa visa ao benefício da sociedade; a regulamentação visa à igualdade entre todos.

> **Importante:** Mesmo quando se segue verbo no infinitivo, ele rege a preposição:
>
> *A norma visa a dar iguais condições a todos.*

2.4. PRESENÇA OU NÃO DE PREPOSIÇÃO EM LOCUÇÕES

Ante o / Diante do...

Se as locuções adverbiais e prepositivas requerem, ou não, preposição é dúvida das mais frequentes entre os que escrevem. Entre as duplas abaixo, qual é a correta?

- Ante o / Ante ao
- Em frente ao / Em frente o
- Perante o / Perante ao
- Em meio ao / Em meio o
- Diante do / Diante o

Entre as duplas acima, a correta nos cinco casos é a primeira. Observando com atenção, percebe-se uma coincidência: as que começam com preposição chamam outra preposição no final: em frente ao, em meio ao, diante (de + ante) do. Quando não começam com preposição, também não há preposição no final da locução: ante o, perante o. Pode-se adotar isso como regra, mas apenas como regra, e não como dogma, tudo porque as línguas não são religiões nem ciências exatas.

Observem-se dois casos:

▶ **Em face de:** em obediência à regra acima, esta é a forma correta – Em face da situação criada, ... No entanto, o uso acabou consagrando forma paralela que não segue a regra: face a – Face à situação criada, ... Como esta última forma não segue a regra e é censurada pela maioria dos gramáticos, recomendo que se use a primeira.

▶ **Em frente a:** repete-se a mesma situação, pois esta é a forma que segue a regra, sendo, por isso, a correta – Estavam todos em frente ao portão. Entretanto, em algumas situações, está a se usar forma que contraria a regra: **frente a** – Frente a situações como esta. Recomendo que neste caso se recorra a outras soluções, como: Em face de situações como esta, ante situações como esta, diante de situações como esta.

Outra questão que surge com muita frequência: quando ocorre crase nessas locuções? No início e no final da locução?

1. No início, sempre que iniciar com *a* seguido de palavra feminina: à vista de, à esquerda do prédio, à guisa de introdução. Não sendo palavra feminina, a crase não ocorre: a propósito de, a tempo de.
2. No final da locução, a crase ocorre quando houver a soma da preposição *a* com o artigo *a*: em frente à secretaria, em meio à greve.

> **Truque:** trocar a palavra feminina por uma masculina; se a troca resultar em *ao* (preposição *a* + artigo *o*), é certo que no feminino correspondente ocorre à (preposição *a* + artigo *a*), ou seja, há crase. Quando o substantivo que se seguir à preposição estiver no plural, a crase só ocorrerá quando for *as*: em "meio às greves"; mas, "em meio a greves". A aplicação do truque da troca por palavra masculina não deixa dúvidas: "em meio aos tumultos" (preposição *a* + artigo *os*), mas "em meio a tumultos" (apenas a preposição *a*).

- À medida que / Na medida em que: As duas expressões existem, mas com sentidos diferentes. "À medida que" tem o sentido de "ao mesmo tempo, concomitantemente", enquanto que "Na medida em que" significa "na proporção de". Não existem as expressões "À medida em que" e "Na medida que".

2.5. CRASE

Conceito

Crase é a soma de **a** + **a**. Em vez de grafar duas vezes a letra *a*, convencionou-se escrevê-la uma vez só, mas com a marca do acento grave: à. Para entender melhor a questão, é útil fixar as funções que o *a*, isoladamente, pode cumprir na língua portuguesa; são três: preposição, artigo e pronome. A crase só existirá se o *a* estiver cumprindo duas dessas três funções. O caso mais comum é o da fusão da preposição com o artigo feminino *a*.

Truques

1. Se a palavra que se seguir ao *a* for masculina, não poderá haver crase, porque o artigo seria *o*, e não *a*, não ocorrendo, portanto, a fusão. A partir dessa lógica, aplica-se um truque, bem prático: trocar a palavra masculina por uma feminina de sentido igual ou semelhante; se a troca resultar em *a* (ou, no plural, *as*), haverá crase; caso contrário, não.

Exemplos:

> A afirmação se refere **a** vida pregressa do réu – A afirmação se refere ao passado do réu. Como da troca resultou *ao*, é caso de crase; portanto: A afirmação se refere **à** vida pregressa do réu.
>
> O curso visava **a** prova – O curso visava ao concurso. Repete-se o mesmo, porque o verbo *visar* com o sentido de ter como objetivo rege a preposição **a**, que se funde com o artigo **a**; portanto, também é caso de crase: O curso visava à prova.

2. Outro truque consiste em trocar o *a* por *para* (preposição correspondente); caso a troca resulte em *para a*, crase há, porque significa termos preposição e artigo; resultando em apenas *para*, é porque falta o artigo para caracterizar a crase.

> Logo mais irei **a** casa de um amigo – Logo mais irei para a casa de um amigo. Como resultou em *para a*, crase há; portanto: Logo mais irei à casa de um amigo.
>
> Logo mais irei **a** casa – Logo mais irei para casa. Neste exemplo, a troca mostra que há apenas a preposição, faltando o artigo. Portanto, não é caso de crase.

Dica: Em função de ser mais abrangente, recomendo que se use sempre o primeiro truque, reservando o segundo apenas para o *a* que se encontre diante da palavra *casa*, que com o sentido de *lar* não admite crase.

Casos que requerem atenção

Em que pese a precisão desses truques, há casos que requerem atenção especial em função das particularidades que os cercam.

1. Quando se trata de nomes geográficos, em que o *a* indica direção, recomendo o uso de outro truque: trocar o verbo da frase por *vir*; resultando em *vir da*, crase há; se resultar em *vir de*, crase para quê?
   Exemplos:

> Vou **a** Brasília – Venho **de** Brasília (não há crase).
>
> Vou **à** Bahia – Venho **da** Bahia (há crase).
>
> Fui **à** Brasília do Palácio do Planalto – Vim **da** Brasília do Palácio do Planalto (há crase).
>
> Viajei **a** Roma – Vim **de** Roma (não há crase).
>
> Viajei **à** Roma dos Papas – Vim **da** Roma dos Papas (há crase).

2. Para efeitos de crase, deve-se sempre considerar o que estiver subentendido. Caso frequente é a expressão à maneira de, subentendida antes de nomes próprios:

> Este jurista escreve **à** Pontes de Miranda (à maneira de Pontes de Miranda).
> Ele veste **à** Luís XV (à maneira de Luís XV).

3. Com os pronomes pessoais (retos, oblíquos e de tratamento) nunca há crase:

> Requeiro **a** Vossa Excelência a absolvição do réu.
> Disse **a** ela que não viria.

4. Com os pronomes indefinidos, interrogativos e demonstrativos não iniciados por *a* nunca há crase:

> Refiro-me **a** esta ação.
> A qual dos processos V. Exa. se refere?

5. Com os pronomes demonstrativos iniciados por *a* (aquele, aquela, aquilo, aqueloutro, aqueloutra – tanto no singular quanto no plural), recomendo truque específico: trocar o pronome por um demonstrativo não iniciado por *a*; caso resulte em forma que tenha a preposição a, há crase; caso contrário, não:

> Refiro-me **àquele** autor (a este).
> Disse-me **aquele** senhor (este).

6. Com os pronomes possessivos femininos, o uso do acento indicativo de crase é opcional:

> Ele disse **a/à** minha irmã.
> O réu dirigiu-se **a/à** sua advogada.

7. Com os pronomes relativos não há crase, com exceção de **a qual** e **as quais**:

> Esta é a ação **a** que te referes.
> Esta é a ação **à qual** te referes.
> É a obra a cuja consecução tanto ele se dedica.

8. Diante dos numerais cardinais, só pode haver crase na indicação de horas:

> Das 14 **às** 17 horas.
> Chegou ao tribunal **à** 1 hora.
> De 2 **a** 10 de março.

9. Diante dos dias da semana, use o truque da troca por palavra masculina (sábado ou domingo):

> De segunda **a** sexta (**a** sábado).
> Das segundas às sextas (**aos** sábados).

10. Nunca há crase no **a** que está entre palavras repetidas:

> Frente **a** frente.
> Dia **a** dia.

11. Os pronomes demonstrativos **a** e **as** exigem o acento indicativo de crase quando o verbo ou o nome regerem a preposição **a**:

> Assisti às aulas do dia, menos **às** de Direito Comercial.
> Ela está inclinada às corridas de cavalo, mas não **às** de carro.

12. Usa-se acento indicativo de crase em todas as locuções adverbiais e prepositivas femininas iniciadas por **a**: à distância, à míngua, à risca, à revelia, à força, à francesa, às ocultas, à escuta, à espera de, à procura de, à vontade, às vezes, às pressas, às braçadas, às claras, às escuras, às avessas, à toa, à boca cheia, à parte, à paisana, à tarde, à noite, à guisa de, às segundas-feiras, às 14 horas, à vista, etc.

As vezes / Às vezes

É essencial verificar se é realmente locução adverbial ou prepositiva, ou se o *a* inicial é simples artigo anteposto ao substantivo. É o caso desta expressão. Sempre que estiver em uso com o sentido de *de vez em quando*, trata-se de locução adverbial, grafando-se com acento indicativo de crase: Às vezes os magistrados se enganam; sem o acento, é quando a expressão faz companhia ao verbo *fazer*: O sofá faz as vezes de cama; ou com o sentido de *quando*: Todas as vezes que venho aqui.

À distância / A distância

Não sem razão, frequentemente me questionam se a expressão *à distância* não é caso de crase; ao responder que sim, ouço quase sempre uma observação pertinente: "Na expressão *ensino a distância*, não vejo usarem". Desta vez o questionamento foi do criador do *Espaço Vital*, Marco Antonio Birnfeld.

Diz a regra que todas as locuções adverbiais femininas iniciadas por *a* são casos de crase: à direita, à tarde, às margens, às ordens, à frente, à disposição, entre dezenas de outros exemplos, como *à distância*. Qual a lógica dessa regra? Para evitar que esse *a* possa ser confundido com o simples artigo feminino *a*, como em "a distância entre as duas cidades"; "a tarde está chuvosa", "a direita já definiu seus candidatos".

A regra vinha sendo corretamente aplicada até que nos anos 1970 um gramático inseriu uma nota no capítulo sobre a crase pregando que no caso da expressão *à distância* só haveria crase se a distância viesse especificada: "Estava à distância de 10m do local". Eliminando essa especificação, a crase teria que ser também eliminada, como se não mais existisse a locução adverbial feminina iniciada por *a*. Absurdo, não? Mas caiu em terreno fértil, a ponto de não se conhecer qualquer instituição de ensino à distância que utilize esse acento indicativo de crase.

É quando transgride a norma quem menos poderia fazê-lo: a instituição de ensino. Lamentável! Espero que um dia alguma dessas instituições tome a iniciativa de se corrigir e, em consequência, todas sigam o exemplo.

2.6. PONTUAÇÃO

A pontuação é recurso importante, mas perigoso. Quem escreve precisa dominar por completo as funções e o significado de cada símbolo, sem deixar de levar em conta o contexto em que é usado; pode atribuir extraordinário vigor ao sentido que se quer expressar, como pode destruí-lo.

É difícil pontuar? Sim, porque envolve o domínio completo da estrutura frasal, da forma de conexão entre elementos e partes do texto e, sobretudo, do exato significado que se pretende dar à frase.

Todas as normas de pontuação são decorrência dessas questões, não sendo aplicáveis pela simples memorização. Conheci diversas pessoas, em especial candidatos de concursos, que conheciam de cor todas as regras de pontuação, mas não sabiam pontuar. Mais do que em outras partes da gramática de qualquer língua, a decoreba, grande mal do nosso ensino, para pouco serve.

Isso faz lembrar Confúcio, que dizia ser inútil estudar sem pensar. Em outras palavras, de nada adianta memorizar as regras de pontuação se a atenção não estiver inteiramente voltada ao domínio da frase. Portanto, eis a questão: é preciso pensar.

Na linguagem jurídica, a pontuação é recurso valioso para estabelecer contundência no argumento, pois as propositais pausas e oscilações de voz marcadas pela vírgula, pelo ponto de exclamação, pelas interrogações e pelas reticências poderão atribuir convincente veemência ao discurso das partes.

Também na estética literária, a pontuação é relevante como elemento que marca o ritmo, a musicalidade do texto. A pontuação foi tão importante para o Prêmio Nobel José Saramago, que ele criou um sistema próprio de pontuar. Na poesia, de modo especial, a pontuação pode ser recurso vital. Atrevo-me a dizer que a pontuação do texto corresponde à partitura da música, pois ela estabelece o tom, o ritmo e a sonoridade do texto literário.

1. OS PONTOS DE ENCERRAMENTO DE FRASE

Comecemos pelos sinais que marcam o fim das frases. São eles o ponto-final, o ponto de exclamação, o ponto de interrogação e as reticências. Qualquer frase tem seu encerramento marcado por um desses sinais, que servem de aviso para o leitor: a frase acabou. Entre todos os sinais, estes me parecem ser os de mais fácil uso. Vejamos:

▶ **Ponto de exclamação:** é usado para dizer ao leitor que ele deve exclamar, bradar ou manifestar qualquer sentimento, que pode ser de espanto, tristeza, alegria, dor, ironia, estranheza, raiva, entre outros. Não havendo a presença de algum sentimento, é certo que não cabe ponto de exclamação. Aliás, a banalização de seu uso acaba com a qualidade de qualquer texto.

▶ **Ponto de interrogação:** é muito fácil identificar se uma frase é ou não interrogativa; assim, seu emprego é igualmente fácil, bastando estar atento ao que se pretende comunicar.

▶ **Reticências:** são usadas para indicar suspensão, interrupção do pensamento, não importando a razão. Claro, é preciso considerar que o leitor entenderá. Exemplo: Vai fazer concurso? Então, estuda, ou...

▶ **Ponto-final:** na prática, o uso deste sinal se dá por eliminação; não sendo caso de reticências, nem de exclamação ou interrogação, só nos resta o ponto-final para marcar o encerramento da frase.

> ### O AUXÍLIO DA FONOLOGIA
>
> Há um recurso valioso para entender a diferença entre os sinais que marcam o tipo de encerramento dado à frase; consiste na observação da leitura oral. Observe-se o processo de leitura dos pontos de exclamação e de interrogação: ocorre acentuada elevação no tom de voz no início e nova, mas menos incisiva, no final. Vejamos se não é isso que ocorre: Quando aconteceu isso? Quanta bobagem nesse discurso! Aliás, não é por nada que o espanhol adotou colocar o sinal, tanto de exclamação quanto de interrogação, no início (com o sinal virado de ponta-cabeça) e outro no final; serve de aviso para a forma de leitura. Nas reticências, a elevação no tom de voz se dá só no final: Ou você estuda, ou... Já no ponto-final, a frase morre, ou seja, há queda no tom de voz. Recomendo que o leitor teste isso. Além de útil, é curioso.

O poder das exclamações

O significado das formas de exclamação extrapola o limite da semântica, isto é, do sentido das palavras, e ingressa na pragmática, ou seja, no sentido que advém do contexto. A própria formação da palavra *exclamar* (ex = para fora; clamar = chamar com vigor) denuncia seu significado: externar com vigor, com força.

Todas as palavras, expressões ou frases usadas para exclamar têm em seu final um ponto de exclamação, elemento que caracteriza para o leitor a intenção de exclamar, de dizer com força, com emoção, com ironia ou com qualquer outro sentimento que as palavras sozinhas não conseguem expressar. Aliás, a mudança na leitura oral, como já se viu, se dá desde o início das frases exclamativas.

Verifique o leitor se não é isso que acontece nestes casos: Oh! Ah! Ih! Olá! Que tal! Quanta insensatez! Que erudição! Como eu te amo! Como é grosseiro esse cidadão!

Há situações em que o uso da pontuação final é que define se é exclamativo ou afirmativo: É um gênio! / É um gênio. Optando pelo uso do ponto-final, é uma afirmação em que o autor realmente crê. Se a opção é pelo ponto de exclamação, traz-se significado inferido, dependente do contexto em que a frase está inserida, podendo ser de admiração, de desconfiança, de ironia, esta última uma figura de linguagem em que se inverte o sentido primário.

Existem muitas palavras cujo significado varia de acordo com o contexto. *Tão*, por exemplo, pode ser elemento usado em comparações: *tão inteligente quanto astuto*. Pode também ser recurso a ser usado nas exclamações: *Ele é tão esperto!* Neste último exemplo, o uso do ponto de exclamação é imprescindível; não seria no caso de se trocar por *muito*: *Ele é muito esperto*.

Recomendo parcimônia no uso do ponto de exclamação, que somente se justifica quando há a clara intenção de expressar exclamando e de interferir no significado, devendo ser harmonizado com palavras adequadas.

2. OS SINAIS INTERNOS

Vimos até aqui os sinais externos de pontuação, aqueles que marcam o encerramento de frases. A partir de agora, vamos buscar o domínio dos sinais internos, este bem mais complexo. São eles o travessão, as aspas, os parênteses, as chaves e os colchetes, os dois-pontos, a vírgula, e o ponto e vírgula. Por serem os de mais difícil assimilação plena, deixemos a vírgula, e o ponto e vírgula para o final.

▶ **Travessão**: uma espécie de barra horizontal, o travessão é frequentemente confundido na prática com o hífen, que, por sua vez, não é sinal de pontuação, mas marca de grafia de palavras compostas ou prefixadas. Há duas características gráficas que distinguem os dois sinais: além de ser maior que o hífen, no travessão deixa-se espaço antes e depois, enquanto no hífen não se deixa espaço. No programa Word, é essencial fazer a digitação correta: digita-se espaço antes, segue-se o hífen e, na sequência, outro espaço; feito isso, o programa transforma o hífen em travessão de forma automática; em caso de qualquer diferença nessa digitação, a transformação não ocorre, e não haverá um dos espaços necessários ou mesmo os dois.

Também as funções dos dois sinais são distintas: enquanto o hífen separa elementos de uma palavra composta, o travessão, como sinal de pontuação, separa palavras completas ou conjuntos de palavras.

O travessão pode cumprir basicamente duas diferentes funções:

a) Para indicar o início da fala e seu encerramento quando o narrador prossegue: – *Como vai?* – Perguntou a moça. Como o travessão já marca a fala de alguém numa narrativa, é redundante colocar essa fala entre aspas, sem contar que isso causa grave prejuízo estético ao texto; para essa finalidade, em alguns meios ainda se usa travessão em tamanho maior. Num diálogo, o travessão marca a mudança de interlocutor.

b) Em lugar das vírgulas que marcam intercalações ou deslocamentos dentro da frase: *Qualquer advogado experiente – e não precisaria estar muito atento – notaria seu disfarce*. Quando a vírgula coincidir com o início da expressão colocada entre travessões, ela é transferida para depois do segundo travessão: *Para ser advogado – advogado dos bons –, é necessário perspicácia*. Nesse exemplo, caso se retirassem os travessões, ficariam as duas vírgulas: *Para ser advogado, advogado dos bons, é necessário perspicácia*. Observe-se que sem os travessões a frase perde em ênfase. Então, aí vai uma dica: se houver intenção de enfatizar, é indicado o uso dos travessões em vez das vírgulas.

▶ Aspas: as aspas são usadas com variados objetivos:

a) Para distinguir palavras ou expressões estranhas ao léxico formal do idioma, por pertencerem a outro idioma, por se tratar de gírias ou por uma razão ou outra que o autor queira deixar marcada: "data venia", "site", "common law".

b) Para, por questões de honestidade intelectual, marcar textos que não são de autoria de quem está escrevendo. Estas aspas são comumente substituídas pelo uso de tipo de letra diferenciado, em corpo menor, em itálico, ou por outro recurso, como o recuo. Apesar de ser uso muito recorrente, não se deve lançar mão de duplicidade de recursos, como modificar a letra e usar aspas; escolha-se um ou outro. Quando ocorre de ter que usar aspas num texto que já está entre aspas, recorre-se às aspas simples, ou ao uso de letra diferenciada.
c) Para marcar títulos de artigos de periódicos, de capítulos de livros e de títulos, partes, etc. de códigos.

> **Importante:** Com o advento dos modernos recursos disponibilizados pela informática, recomenda-se substituir ao máximo as aspas por outros recursos. O uso insistente de aspas causa prejuízos de ordem estética, sem contar que pode desviar a atenção do leitor.

▶ **Parênteses, colchetes e chaves:** os parênteses servem para isolar palavras, expressões ou frases em regra acessórias ou porque não se encaixam na estrutura do texto, ou ainda por razões subjetivas que o autor quer passar para o leitor. Em muitas situações, os parênteses podem ser substituídos por vírgulas ou travessões. Os parênteses também são usados como recurso nas indicações bibliográficas e nas orientações cênicas das peças de teatro.

Os colchetes são uma variante dos parênteses, podendo optar-se entre uns ou outros em diversas situações; seu uso se impõe quando dentro de um texto que já está entre parênteses for necessário abrir um novo, que neste caso será substituído por colchete, assim como seu uso é exigido para inserir a palavra latina *sic* (que significa: "assim está no original").

A chave é usada para, num quadro esquemático, indicar as partes ou divisões de um assunto, sem contar, é claro, seu uso como símbolo matemático, o mesmo valendo para os parênteses e os colchetes.

▶ **Dois-pontos**: trata-se de sinal de pontuação de muita utilidade, servindo, essencialmente, para:

a) Anunciar a entrada de um interlocutor: "Disse o pai: – Vai, meu filho".
b) Anunciar uma enumeração: "Estavam presentes: 1. o irmão mais velho; 2. a filha; 3. o neto; 4. diversos colaboradores; e 5. dois vizinhos".
c) Introduzir uma citação: "Heráclito já afirmava: 'Não podeis passar duas vezes pelo mesmo rio'".
d) Inserir uma conclusão, explicação ou consequência: "Uma coisa é certa: alguém vai pagar essa conta".
e) Substituir a vírgula do vocativo quando este estiver no início da frase, como, por exemplo, nas correspondências: "Prezado Amigo:".
f) Substituir os verbos, em particular os de ligação, ao anunciar fatos, situações ou explicitações: "Consequências: cancelamento do registro, ...".
g) Substituir a conjunção coordenada adversativa em frases como a que usou Ruy Barbosa no *Adeus da Academia a Machado de Assis*: "A morte não extingue: transforma; não aniquila: renova; não divorcia: aproxima". Este exemplo mostra uma forma de uso criativo, que, por retirar a conjunção repetidamente usada, atribuiu força ao significado da frase, contribuindo para isso o uso inteligente do ponto e vírgula, assunto a ser abordado mais adiante.

3. VÍRGULA: PEQUENO GIGANTE

Falta vermos a vírgula e o ponto e vírgula. Comecemos pelo mais importante e complexo: a vírgula, tão pequena, mas ao mesmo tempo um gigante, seja na organização das ideias, seja na definição do significado. A vírgula é, sem dúvida, o sinal de pontuação mais presente nos textos em geral. Mais do que qualquer outro, seu emprego requer atenção absoluta, porque exerce diversas funções.

Comecemos por uma oportuna, inteligente e bem-humorada campanha lançada em 2008 pela ABI – Associação Brasileira de Imprensa, por ocasião de seu centenário, justamente tratando da questão essencial dos profissionais da comunicação: a produção de significado, em que a vírgula pode ser vital:

1. A vírgula pode ser uma pausa... ou não:

    Não, espere. / Não espere.

2. Ela pode sumir com seu dinheiro:

    R$ 23,4. / R$ 2,34.

    É oportuno lembrar aqui que no inglês essa vírgula é substituída pelo ponto.

3. Pode criar heróis:

    Isso só, ele resolve! / Isso, só ele resolve!

4. Ela pode ser a solução:

    Vamos perder, nada foi resolvido! / Vamos perder nada, foi resolvido!

5. A vírgula muda uma opinião:

    Não queremos saber! / Não, queremos saber!

6. A vírgula pode condenar ou salvar:

    Não tenha clemência! / Não, tenha clemência!

Conclui a campanha: *Uma vírgula muda tudo! ABI: 100 anos lutando para que ninguém mude uma vírgula da sua informação.*

Os exemplos apontados pela campanha não esgotam, é claro, os casos em que uma vírgula pode modificar por completo o significado, mas são suficientes para demonstrar o cuidado que se tem que ter com esse minúsculo, mas simpático sinalzinho. Mostra, acima de tudo, que escrever não se resume a um ato mecânico, mas requer permanente atenção ao significado, fim último de tudo o que se escreve. Assim, "para que não se mude uma vírgula da sua informação", tenha todo o cuidado.

Na linguagem jurídica, esse cuidado tem que ser redobrado, pois uma vírgula pode modificar ou até inverter a interpretação do argumento, levando à modificação ou até à inversão do julgamento.

Funções da vírgula

1. MARCAR O DESLOCAMENTO EXTREMO DE UMA PALAVRA, EXPRESSÃO OU PARTE DE FRASE.
O caso mais comum é o da transferência da circunstância do final, que é sua posição normal, para o outro extremo da frase, ou para o seu miolo. Alguns exemplos:

> O clima era tenso quando se iniciou o júri. /
> Quando se iniciou o júri, o clima era tenso.
>
> Não haverá expediente no turno da manhã. /
> No turno da manhã, não haverá expediente.
>
> Ouça muito antes de falar. /
> Antes de falar, ouça muito.

Quando a circunstância apontada no deslocamento é formada por uma ou no máximo duas palavras, o uso da vírgula é opcional:

▶ Não haverá expediente amanhã. / Amanhã não haverá expediente (ou: Amanhã, não...). Neste caso, o autor deverá avaliar se lhe interessa que o leitor faça uma pausa, ou não, pois não se pode esquecer que todo sinal de pontuação serve de aviso para uma pausa por parte do leitor.

Quando o deslocamento se dá para o miolo da frase, serão utilizadas duas vírgulas:

> A equipe é melhor, portanto deve vencer. /
> A equipe é melhor; deve, portanto, vencer.

2. MARCAR O ISOLAMENTO DE PALAVRAS, EXPRESSÕES OU PARTES DE FRASES. A estrutura regular, ou ordem direta, de uma oração é esta: Sujeito – Predicado – Circunstâncias. As funções desses elementos: sujeito – é o assunto a ser abordado; predicado – é o que se diz do sujeito; circunstâncias – são elementos que acrescentam dados que não são essenciais para o significado, em geral advérbios ou locuções adverbiais.

Sempre que se interrompe essa estrutura regular para intercalar alguma informação adicional entre quaisquer desses elementos da estrutura regular, há necessidade de isolar o intruso, o que se faz colocando-o entre vírgulas; é como se colocássemos entre parênteses, o que, aliás, não seria errado, assim como não seria errado usar entre travessões; a preferência pela vírgula é apenas uma questão de tradição e também de discrição.

O que é que precisa ser isolado:

a) Certas palavras e expressões explicativas, corretivas ou preventivas:

> Veja-se, por exemplo, a situação dos aposentados.
> Quero esclarecer, além disso, a questão das vacinas.
> Isso, aliás, é inconstitucional.

b) O vocativo deslocado do início para o miolo ou para o final da frase:

> Isso, senhores, não é racional.
> Fala, Brasil!
> Ave, Maria, cheia de graça.

c) Qualquer palavra, expressão ou oração explicativa, ou apositiva:

> O Presidente da OAB/RS, Dr. Fulano de Tal, manifestou-se a respeito.

A reunião, apesar de longa, foi proveitosa.

O Brasil, que é nossa pátria, merece mais respeito.

> **Importante:** Esta talvez seja a vírgula mais presente nos textos em geral, mas de maneira especial nos jurídicos, por serem argumentativos. A aplicação da regra requer muita atenção ao significado que se quer dar à frase. A vírgula é necessária quando o sentido é meramente explicativo; sendo restritivo, ela não ocorre. No primeiro exemplo, caso se retirasse a expressão "da OAB/RS" e a afirmação estivesse fora do contexto, não se poderia usar vírgula: O Presidente Dr. Fulano de Tal manifestou-se a respeito. Qual a diferença? Presidente da OAB/RS só há um, portanto não se está restringindo, mas apenas explicando. Enquanto isso, Presidentes há muitos, porque existem muitas entidades presididas por alguém, razão por que, ao citar o nome, a informação se restringe ao Presidente citado.

Truque infalível: tudo o que é explicativo pode ser retirado sem prejuízo à essência do significado. Vamos testar? O Presidente da OAB/RS manifestou-se a respeito; a ausência do nome não prejudicou a essência do significado, sendo, portanto, elemento meramente explicativo, por isso entre vírgulas. No outro caso seria completamente diferente: O Presidente manifestou-se a respeito. Que presidente, de que entidade? Portanto, há prejuízo para o significado.

Atenção, juristas voltados ao Direito de Família! Há uma vírgula que pode servir de prova, a favor ou contra: numa dedicatória, se o marido não usar vírgula na expressão "À minha esposa Maria da Glória" é porque ele está restringindo a homenagem a uma, em detrimento de outra ou outras; do contrário, afirmará fidelidade a sua única esposa: "À minha esposa, Maria da Glória". O mesmo, é claro, vale para elas. Portanto, além do amor, recomenda-se cuidado, muito cuidado...

d) Na citação de partes de leis, decretos e atos normativos e administrativos em geral, a pontuação adequada é essencial para representar a estrutura correta e, como consequência, a clareza da informação. Exemplo: Conforme determina o artigo 27, III, *b*, da Lei n.º 4.643. Se a análise da frase se limitar ao olhar, a impressão é de que há excesso de vírgulas. Já ouvi de um aluno: "É muita vírgula por metro quadrado". Como não se mede o uso de vírgulas pela extensão dos elementos que compõem a frase, o simples olhar não serve; é preciso analisar a estrutura da frase e seu significado. Levados por essa impressão do excesso de vírgulas, ou por não terem em conta o sentido, muitos redatores eliminam, no exemplo, a vírgula que se segue a *b*; fazendo isso, vinculam a alínea *b* à Lei n.º 4.643, e não ao inciso III, que o significado está a exigir. Portanto, é necessário isolar esses elementos que constituem a estrutura do artigo.

Há outras formas possíveis e corretas de expressar o mesmo em que se foge das vírgulas, como esta: Conforme determina a alínea *b* do inciso III do artigo 27 da Lei n.º 4.643. Foge-se das vírgulas, mas se provoca o inconveniente da desagradável repetição da contração da preposição *de* com os artigos *o* e *a*; em outras palavras, fazendo entrar em campo muito *dodô* e *dodá*, sem contar que se perde em concisão.

3. MARCAR O VOCATIVO. A vírgula do vocativo é por certo o sinal de pontuação mais sonegado da língua portuguesa. Entre os que escrevem, são poucos os que lhe dão a devida atenção e importância. A consequência, em muitos casos, é trágica para o significado. Por isso, mais importante que a regra é a atenção ao sentido da frase.

Examinemos um exemplo que vem de um antigo programa do Ministério da Educação denominado "Fala Brasil". Os brasileiros que quiserem participar do programa, se forem fiéis ao significado expresso no apelo, dirão: "Brasil". Na verdade, o que o meritório projeto solicita é que os brasileiros se engajem transmitindo a ele experiências exitosas alcançadas na área da educação, com o objetivo de repassá-las para toda a rede de educação brasileira.

O que faltou para transmitir esse significado, e não aquele? Apenas uma vírgula: "Fala, Brasil". Como se conclui, a vírgula do vocativo pode interferir, e muito, no sentido que se pretende produzir. Aliás, essa é a razão da regra que envolve o uso da vírgula do vocativo. Situações semelhantes à do exemplo podem ocorrer em diálogos entre profissionais do Direito: "Fala, Doutor / Fala Doutor". "Responda, Doutor / Responda Doutor". "Julga, Juiz / Julga Juiz". As possibilidades são infinitas.

Mas, felizmente, há quem fique atento a essa importante vírgula. É o caso do Tribunal Superior Eleitoral, que em diversos anos de eleições lançou campanhas apelando à população para que votasse, usando esta frase: "Vota, Brasil", com a indispensável vírgula do vocativo. Retirar a vírgula levaria a entender que *Brasil* seria o nome de algum candidato apoiado pelo TSE.

Mas, afinal, o que é vocativo? É o nome que se dá a esse termo sintático usado para chamar ou interpelar alguém pelo nome, apelido ou por alguma característica. Deriva do latim *vocare*, que significa *chamar*. Assim, poderíamos trocar *vocativo* por *chamamento*.

Na sequência, apresentam-se alguns exemplos que provam a importância do uso, ou não, dessa tão abandonada vírgula:

▶ **Toca, minha amiga!** Sem a vírgula, do significado de estímulo, passaria a uma simples recomendação para que se tocasse na amiga.

▶ **Bota pra quebrar, Brasil!** Se não se usar a vírgula, a intenção é a de quebrar o País, ou seja, a frase passa a fazer coro com o "quanto pior, melhor".

▶ **Não engorde demais, meu filho!** Sem a vírgula, de conselho da mãe para o filho, passa a uma recomendação para a nora mudar a dieta.

- **Estou bem, mãe.** Foi a resposta que o filho em viagem deu à mãe pelo WhatsApp. Se tivesse omitido a vírgula, talvez pudesse causar alguma surpresa.

- **Ave, Maria, cheia de graça...** Caso se omitisse o uso das vírgulas de vocativo que isolam *Maria*, haveria o sacrilégio de chamar Maria de ave, pássaro, galinha. Aliás, trata-se de erro comum nos livros que reproduzem as tradicionais orações da Igreja Católica.

- **Vamos comer, gente!** Para evitar cenas de canibalismo, é bom nem pensar em eliminar essa vírgula do vocativo.

- **Papa Paulo!** Neste caso, não há vírgula porque não se trata de vocativo, mas sim de um alerta. Caso se quisesse, poderia ser introduzido sentido diverso, de conteúdo malicioso, bastando incluir uma vírgula: "Papa, Paulo!".

Claro que a vírgula do vocativo nem sempre afeta o significado, mas há sempre a necessidade de preservar a estrutura da frase. Assim como a casa da gente tem que ter portas e janelas, para que nela se possa entrar, assim como a luz e o ar, a frase precisa ter suas portas e janelas, sob pena de não permitir a respiração nem receber a imprescindível luz.

4. A VÍRGULA DE ELIPSE. O verbo é a alma da frase, concentrando, em regra, a essência do significado. Para que a frase exista, tudo pode faltar, menos o verbo. Existem orações sem sujeito, mas sem verbo não. Muitas vezes usamos frases feitas de um único verbo, tendo em regra significado veemente: Chega! Vamos! Sai!

Outras tantas, as frases têm o verbo subentendido: Socorro! Como explicar a possibilidade de omissão do verbo se ele é a alma da frase? No exemplo, o essencial é o socorro de que a vítima está necessitando. É exatamente isso que ocorre com os chamados verbos de ligação, que nada significam, servindo apenas como elemento que faz a ligação entre o sujeito e o predicado. Por exemplo, não há diferença de significado entre "Maria doente" e "Maria está doente".

Portanto, o verbo é indispensável. Outra prova da importância do verbo está no fato de o estudo da análise sintática começar sempre por ele, pois temos no período tantas orações quantos forem os verbos.

Se o verbo é tudo isso, algo teria que acontecer quando ele, por uma razão ou outra, fosse omitido. É aí que entra a chamada vírgula de elipse, usada com o único objetivo de informar que foi subentendido um verbo, ou um conjunto de palavras que contém verbo. Veja-se um exemplo: Eu reviso a receita; você, a despesa. Por não querer incorrer no inconveniente de repetir o verbo, preferiu-se usar vírgula em seu lugar. Convenhamos que a frase ficaria enfadonha com a repetição do verbo: Eu reviso a receita; você revisa a despesa.

Outro exemplo: Mocidade ociosa, velhice vergonhosa. Opa! Frase sem verbo! Cadê o verbo? Verbo não pode faltar! E não está faltando. Ocorre que ele foi substituído por vírgula, portanto vírgula de elipse. Poderia ser assim: Mocidade ociosa leva a velhice vergonhosa. Haveria opções para esse verbo: significa, leva a, acaba em, entre outras. No entanto, é indiscutível que o significado ficou muito mais vigoroso com a vírgula, sem o verbo.

Mas, que paradoxo! O verbo não é a alma da frase? Então se permite a eliminação da alma da frase? O verbo não foi retirado. Ele apenas não está expresso, ou melhor, está expresso na vírgula. Portanto, continua sendo a alma da frase, mesmo representado pela vírgula.

Fica provada, mais uma vez, a ausência de axiomas entre as normas gramaticais. Existem regras a serem cumpridas até o limite do significado, este sempre soberano. O significado é um princípio que se impõe sobre qualquer norma gramatical, tudo porque ele é o objetivo final de toda comunicação. Comparando com o Direito, poderíamos dizer que esta, sim, é uma cláusula pétrea da gramática.

A regra da vírgula de elipse pode ser estendida a duas outras situações, que normalmente são apresentadas como mais dois casos diferentes de uso de vírgula, quando, na verdade, marcam a supressão do verbo.

- Para separar a data do nome do local:

    Brasília, 19 de março de 2021.

- Para separar a data do número nos atos legislativos e normativos:

    Lei n.º 2.643, de 19 de março de 2021.

Outros exemplos de vírgula de elipse:

Meu pai se vacinou em fevereiro; eu, em abril.

Os valorosos levam as feridas; os venturosos, os louros.

O tema da videoconferência é a pandemia; o assunto, as formas de enfrentá-la.

Ele começou a carreira no Direito Administrativo; ela, no Direito de Família.

O pai traficava maconha; o filho, drogas mais pesadas.

Veio a velhice; com ela, a sabedoria.

> **Importante:** O uso da vírgula de elipse é sempre obrigatório.

A soberania do significado

Insisto: quem escreve não pode, em momento algum, desvincular-se do significado, porque é o único objetivo de tudo o que se escreve. Portanto, o que importa é manter-se fiel a ele. A norma gramatical tem que se submeter a esse princípio, e não o inverso. Se a aplicação da norma gramatical causar prejuízo ao significado, privilegie-se este último. Aliás, as normas são apenas orientações a serem, em regra, seguidas, mas não são dogmas ou cláusulas pétreas.

Um exemplo: todos aprendemos que é crime separar o sujeito do predicado por meio do uso de vírgula; em outras palavras, diz a regra que nunca se deve interromper a relação sujeito-predicado. Sem dúvida, é regra a ser seguida. Mas, vejamos um caso:

▸ **Quem sabe sabe. / Quem sabe, sabe.** Qual das duas tem a pontuação mais adequada? Temos aqui dois verbos, portanto duas orações, cada uma com o seu sujeito. O sujeito da primeira oração é "Quem", enquanto o da segunda oração é "Quem sabe". Aplicando a regra, nem pensar em usar vírgula após o primeiro "sabe", pois se estaria interrompendo a relação do sujeito (Quem sabe) com o predicado (sabe), ação imputada como crime. Assim, seguindo-se a regra, não se poderia usar vírgula. No entanto, qual das duas expressa o significado com maior clareza? Sem dúvida, é a segunda. Como o significado é soberano, deve-se optar por ela, mesmo ferindo a regra, pois uma regra maior – a do significado – se impõe.

Outros casos como esse: Quem sabe, faz a hora. Aquele que lê, aprende. Quem procura, encontra. Aquele que observa, deduz. A partir do exame desses exemplos, pode-se formular a regra que caracteriza a exceção: sempre que se seguirem formas verbais iguais, separam-se as duas mediante o uso de vírgula.

É exceção? É. Aí vem a reincidente observação ouvida dos alunos que estão atrás de desculpa: "Como o português é cheio de regrinhas, de exceções! É impossível aprender." A bem da verdade, é preciso dizer que é da natureza dos idiomas serem regidos por um conjunto complexo de regras, que, assim mesmo, não conseguem contemplar todos os casos. Aliás, o mesmo acontece com o Direito. Tudo porque nem o Direito nem o português, assim como todos os demais idiomas, são ciências exatas.

Vírgula antes de "etc."

Observando que uso vírgula antes da abreviatura *etc.*, o atento Dr. Noschang quer saber que norma eu sigo, já que é a forma abreviada do latim *et caetera*, que contém *e*, aditivo que substitui a vírgula, no que tem razão o leitor. Portanto, por essa lógica, não há necessidade de vírgula. No entanto, a abreviatura da expressão latina consagrou-se a ponto de não parecer abreviatura, mas uma sigla. Tanto é verdade que ninguém usa a forma por extenso, não abreviada, razão por que os gramáticos em geral admitem o uso de vírgula antes. Não se deve esquecer que as línguas se fazem pelo uso. Resumindo, as duas formas são consideradas corretas. O erro passa a existir, por incoerência, quando num mesmo texto se alternam as duas formas.

A propósito de *et caetera*, diz Noschang em sua mensagem que a expressão significa "e outras coisas", sendo inadequado, portanto, usar *etc.* em relação a pessoas; por exemplo, em frases como esta: "Os juristas Fulano e Sicrano, etc. já se manifestaram a respeito", pois os profissionais do Direito não são coisas...

O médico Edson Oliveira, de Viamão (RS), conhecido autor de crônicas publicadas regularmente no jornal *Opinião*, daquela cidade, contrariando afirmação feita por mim de que a forma por extenso não tem uso, utiliza *etecéteras*. Ocorre que o Dr. Edson emprega a palavra de forma criativa, intencional, em textos de características da estética literária, e isso é percebido assim pelo leitor, dando-lhe legitimidade.

4. O MISTERIOSO PONTO E VÍRGULA

Se é difícil o adequado uso da vírgula, mais ainda é o domínio do ponto e vírgula, para muitos uma espécie de mistério da pontuação, recomendando-se em muitos meios que se evite seu uso, como ocorre em grandes jornais.

Há, inclusive, escritores de renome que fogem de seu uso e confessam sua dificuldade. Nosso cronista-mor Luis Fernando Verissimo, por exemplo, chegou a publicar uma crônica sobre esse misterioso sinal de pontuação. Diz o escritor que ele nunca usou ponto e vírgula; se o encontrassem em algum texto dele, é porque algum revisor colocou, e não ele. Acrescenta que um dia tomará coragem e usará, mas com uma só certeza: "Vou errar".

Costuma-se ensinar que o ponto e vírgula é uma pontuação intermediária entre a vírgula e o ponto, que é maior do que a vírgula e menor do que o ponto; até se poderia acrescentar que é chamado de ponto e vírgula, e não de vírgula e ponto, porque está mais próximo de ser ponto do que vírgula. Tudo isso é verdade, mas quase nada ensina.

Para começar a entender melhor o ponto e vírgula, recomendo que se comece distinguindo-o do ponto-final, com quem guarda semelhança de função, até porque pode substituí-lo em muitas circunstâncias. Assim como o ponto-final, o ponto e vírgula pode marcar o final de uma frase, podendo-se optar entre um e outro; a diferença é que o ponto e vírgula é reservado para os casos em que se quer deixar uma mensagem para o leitor: acabou a frase, mas o pensamento vai continuar; enquanto isso, quando se usa ponto-final, é porque a frase e o pensamento foram concluídos.

Por essa razão é que se recomenda usar ponto e vírgula no final de cada um dos itens que compõem uma série; é uma forma de avisar o leitor de que vem mais, que a série ainda não está concluída.

Vejamos alguns casos típicos em que o ponto e vírgula é insubstituível:

a) Provérbio árabe: "Se tens muita coisa, dá de teus bens; se tens pouco, dá de teu coração". Do ponto de vista da sintaxe, o ponto e vírgula poderia ser substituído por ponto-final, pois ele encerra uma frase; no entanto, o pensamento está longe de ser concluído, razão por que seria lamentável fazer essa troca. Substituir por vírgula, embaralharia todo o texto, dificultando seu entendimento.

b) Código Civil de 1916, § 1.º do art. 454 (um pouco modificado pelo CC de 2002, § 1.º do art. 1.775): "Na falta do cônjuge, é curador legítimo o pai; na falta deste, a mãe; e, na desta, o descendente maior". Repete-se – em dose dupla – a mesma situação; nos dois casos, do ponto de vista da sintaxe, o ponto e vírgula poderia ser trocado por ponto-final, mas seria lamentável, porque causaria prejuízo irreparável à unidade de significado, que só se conclui no final. Na versão do CC em vigor, o teor é este: "Na falta do cônjuge ou companheiro, é curador legítimo o pai ou a mãe; na falta destes, o descendente que se demonstrar mais apto". Como se observa, modificou-se um pouco o teor, mas permanece a necessidade do ponto e vírgula.
c) Ensinamento de Benedito Silva sobre imposto: "O que hoje chamamos imposto era, a princípio, donativo espontâneo; passou depois a ser donativo solicitado; em seguida, passou a ser um favor; mais tarde, dever social; e, finalmente, imposição inescapável". Foi quando passou realmente a ser imposto, fazendo jus ao significado da palavra. Convido o leitor a examinar e concluir a respeito da clareza do significado desse enunciado caso o ponto e vírgula fosse trocado sempre por ponto-final, ou, pior ainda, por vírgula.
d) Na separação de pensamentos independentes: "Saí para comprar um livro; ela esperou que eu voltasse". Outra vez estamos diante de duas frases que guardam independência sintática, mas não de significado.

Conclusão: enquanto o ponto-final encerra o significado, o ponto e vírgula serve para avisar sobre sua continuidade. De uma forma ou de outra, o adequado uso desse para muitos misterioso sinal de pontuação se enquadra sempre nesse princípio.

2.7. ELEMENTOS DE CONEXÃO

Onde, aonde e adjacências...

Erro cada vez mais recorrente é o que envolve o uso de *onde* e *aonde*. O primeiro deve ser usado para referir lugar estático: Onde estás? O segundo serve para indicar movimento a algum lugar: Aonde vais?

A utilização de um truque muito simples resolve qualquer dúvida: se a troca por *para onde* der certo, a forma correta será *aonde*; não dando certo, será *onde*. Faça o teste nos dois exemplos acima, e verá.

Caso um pouco mais complexo é este: Cheguei *onde* (ou *aonde*?) sempre quis chegar. Aqui houve movimento antes de a frase ser pronunciada, mas já não há mais; portanto, a forma correta é *onde*; até porque a troca por *para onde* não daria certo.

A lógica do truque é singela: o *a* de *aonde* nada mais é do que a preposição *a* que foi acoplada a *onde*, justamente para indicar movimento, direção, função semelhante à da preposição *para*.

Erro também recorrente é o uso de *onde* (ou, pior ainda, *aonde*) em vez de *quando*, em casos como este: Gosto da primavera, onde os jardins florescem; ou ainda em substituição a *em que*: A sessão da Câmara do Tribunal onde o caso foi julgado; neste último exemplo, *onde* se refere a *sessão*, e não a *câmara*, sendo necessário trocar por *em que*.

ONDE, uma praga a infestar a linguagem

A advogada Ingrid Birnfeld, filha de Marco Antonio Birnfeld, criador e mantenedor do *Espaço Vital*, se diz incomodada com o mau uso de *onde* e sugeriu-me que aprofundasse a abordagem do tema. Tem razão a leitora, pois isso virou uma verdadeira praga a infestar a linguagem em todos os níveis e meios.

Antes de mais nada, esclareça-se que *onde* só pode ser usado em referência a lugar; exemplo: Estamos numa região onde faz frio. Qualquer outro uso será indevido: Este é um caso onde (correto: em que) o Ministério Público precisa atuar. Estamos na primavera, onde (correto: quando) pode fazer frio e calor no mesmo dia. Conforme folha 9, onde (melhor: em que) se lê...

Nos exemplos acima, é pior ainda optar por *aonde* em vez de *onde*, o que também é muito comum, mesmo entre pessoas consideradas cultas. *Aonde* também só pode ser usado em referência a lugar, mas um lugar a que se está indo ou se pretende ir, como em: Irei aonde sempre quis ir.

3
MORFOLOGIA: OS CUIDADOS COM A FORMA ESCRITA

3.1. PRONOMES

Este / Esse / Aquele

Os pronomes demonstrativos servem para localizar (mostrar ou demonstrar) os seres e as coisas no tempo, no espaço e no discurso (no texto). *Este* indica que não há distância, como também remete para frente, *esse* informa haver alguma distância, remetendo para trás, enquanto *aquele* remete significativamente para trás.

Em relação ao tempo, por exemplo, quando digo "*Este* minuto, dia, mês, século, milênio", estou me referindo ao minuto, dia, etc. em curso, ou de futuro próximo. Utilizando "*Esse* minuto, dia, ...", estou remetendo a um passado próximo. "*Aquele* minuto, dia, ..." é referência a um passado distante. Se o passado é próximo ou distante, o contexto definirá. O contexto pode, eventualmente, definir que um minuto é muito tempo, assim como um milênio pode ser entendido como pouco.

Em relação ao espaço, vale o mesmo: *Este* país é o nosso; *esse* é referência a um país vizinho, ou amigo, enquanto *aquele* é distante. Novamente, o contexto precisa ser levado em conta.

Já em relação ao discurso, vale a proximidade; é quando "os últimos serão os primeiros": o mais próximo (não há distância em relação ao pronome) é localizado por *este* e o mais afastado, por *aquele*. Exemplo: Os profissionais do Direito indicados foram os Drs. Maria e Pedro, este representando a OAB e aquela, o Ministério Público.

Havendo mais de dois mencionados, recomenda-se encontrar outra solução, em vez de utilizar *esse* para o do meio.

É óbvio que para as variações desses pronomes demonstrativos (esta, essa, aquela, isto, isso, aquilo, deste, neste, daquele, etc.) vale a mesma orientação. Isso ocorre com diversas expressões decorrentes de uso frequente na linguagem jurídica, como se verá a seguir.

Isso posto / Dessa maneira / Dessarte ...

Seguindo a orientação do item anterior, expressões como *por isso, dessa maneira, isso posto, dito isso, diante disso, afora isso, além disso, em função disso, dessarte*, etc. em regra têm que ser grafadas com *ss*, e não com *st*.

Por que "em regra"? Porque em geral remetem para trás, para algo já mencionado. Por exemplo: para concluir sua argumentação, é correto o profissional do Direito usar *isso posto*, e não *isto posto*, porque remete aos argumentos já utilizados. Se o fizesse em relação a argumentos a serem expressos, sim, seria *isto posto*, mas, convenhamos, trata-se de situação no mínimo rara.

Vale o mesmo para todas as expressões semelhantes: *por isso, dessa maneira, dessa forma, dito isso, diante disso, afora isso, além disso, em função disso,* porque todas tendem a remeter para trás, para algo já mencionado. Claro, caso remeta para frente, para algo a ser mencionado, a forma correta será com *st*.

É necessário fazer menção especial à palavra *dessarte*, tão em voga no meio culto, em especial na linguagem jurídica. Lamentavelmente, tanto se errou no uso de *destarte*, que a maioria dos dicionários consideram esta a forma correta, e não *dessarte*. O próprio Word marca como errada a forma *dessarte*. Até o significado da palavra (dessa maneira) denuncia que deve ser com *ss*, pois remete a algo já mencionado, para trás, portanto. Aliás, a formação da palavra se deu pela junção de *dessa* com *arte*.

Pronome pessoal, não mesmo...

A palavra *mesmo* pode exercer diversas funções na frase, sendo por isso muito usada, seja na linguagem coloquial, seja em ambientes formais. Vejamos:

- Como **adjetivo**: São as *mesmas* situações de sempre. Elas *mesmas* realizaram a perícia.
- Como **substantivo**: Disse-me o *mesmo* que você diria. Enriqueceu, mas continua o *mesmo*.
- Como **advérbio**: *Mesmo* injustiçado, não perdeu o humor. Você quer *mesmo* recorrer da sentença?

Todos esses usos são corretos, mas há uma função que essa palavra não pode exercer, apesar da insistência, mesmo nos meios cultos, inclusive na linguagem jurídica; é a de pronome pessoal, quando usada no lugar de *ele, ela, eles* ou *elas*. Exemplos, entre muitos outros, de uso equivocado:

Ouvida a vítima, a *mesma* informou...

O réu foi condenado; na sentença, o magistrado destacou que o *mesmo* era reincidente.

O advogado discordou da decisão do juiz, dizendo que o *mesmo* estava sendo incoerente.

Truque: Troque *o mesmo* (ou *a mesma, os mesmos, as mesmas*) por *ele, ela, eles* ou *elas*; se a troca der certo, é porque a palavra *mesmo* está sendo usada na função de pronome pessoal, e isso **não pode**. Se essa troca não funcionar, é porque o emprego está correto. Vamos testar usando os exemplos apresentados acima:

- Ouvida a vítima, a *mesma* informou... – Ouvida a vítima, *ela* informou. Portanto, é indevido o uso de *mesma*.
- O réu foi condenado; na sentença, o magistrado destacou que o *mesmo* era reincidente. – O réu foi condenado; na sentença o magistrado destacou que *ele* era reincidente. Portanto, não se pode usar *mesmo*.
- O advogado discordou da decisão do juiz, dizendo que o *mesmo* estava sendo incoerente. – O advogado discordou da decisão do juiz, dizendo que *ele* estava sendo incoerente. Portanto, o uso de *mesmo* é incorreto.

Vossa Excelência e os magistrados

Solicitaram meu posicionamento a respeito da obrigatoriedade, ou não, do uso do tratamento *Excelência* para juízes.

É antiga (de 1943) a norma que determina o uso do pronome de tratamento *Vossa Excelência* e, consequentemente, de *Excelentíssimo Senhor (Excelentíssima Senhora)* para altas autoridades. O defeito dessa norma é que ela não define as autoridades que deveriam ser consideradas altas. Assim, na prática, a regra gerou muita insegurança.

Em 1972, o Ministério da Educação listou, para efeitos internos, essas autoridades nos três poderes: Executivo, Legislativo e Judiciário, e nas três esferas: federal, estadual e municipal. Na falta de outra orientação, a norma interna do MEC, rápida e espontaneamente, se difundiu na prática das comunicações oficiais na absoluta maioria das repartições públicas brasileiras, sendo hoje consenso entre especialistas da redação oficial.

No âmbito da Justiça, a norma inclui todos os magistrados entre os contemplados com o tratamento *Vossa Excelência*, o que entendo como correto, pois quanto mais formal e solene for o tratamento, mais distante mantém das partes aquele que tem a missão de julgar, limitando a natural pressão a ser exercida sobre ele.

Portanto, é correto o uso de *Vossa Excelência* por parte dos interlocutores que se dirijam ao magistrado. No entanto, entendo que isso esteja no nível da norma técnica, não tendo força de lei. Entendo também que se trata de elemento essencial no estabelecimento de um adequado ambiente de justiça, mas como não há norma legal determinando esse uso, mas apenas norma técnica, deduzo que o juiz pode requerê-lo, mas não exigi-lo. Aliás, no nível das comunicações, sempre entendi que cada interlocutor tem o direito de utilizar as formas que melhor lhe aprouverem, mesmo que não sejam as mais adequadas de acordo com o julgamento dos demais.

3.2. FLEXÃO NOMINAL

Bem / Bom – Mal / Mau

Em razão dos frequentes erros relacionados ao (mau) uso que se faz de *mal* e *mau*, o consagrado jornalista Joabel Pereira recomenda que se esclareça sobre o assunto. Então, aí vai, já incluindo na bagagem seus opostos *bem* e *bom*:

▸ **Adjetivo ou advérbio?** Enquanto *bem* e *mal* têm a função primordial de advérbio (além de substantivo, é claro; sem contar outras funções menos recorrentes), *bom* e *mau* são essencialmente adjetivos. Se são advérbios, *bem* e *mal* não podem variar (o leitor deve estar lembrado: advérbio não varia): Elas vão bem / mal. Na função de adjetivos, *bom* e *mau* sempre flexionam, concordando em gênero e número com o substantivo ou pronome a que se referem: Elas são boas / más.

> **Truque:** Nunca há dúvida entre *bem* e *bom*; ela ocorre sempre entre *mal* e *mau*. Por isso mesmo, o truque consiste em trocar *mal* por *bem* ou *bom*. Se na troca der *bom*, o correto será *mau*; caso resulte em *bem*, o certo será *mal*. Vamos testar?

- A estrada está mal (má) conservada. Fazendo a troca por *bem / bom*, não haverá dúvida que o correto será: A estrada está bem conservada; portanto: A estrada está mal conservada.
- A estrada está em mal (mau) estado. Fazendo a troca por *bem / bom*, facilmente se perceberá que o certo é: A estrada está em bom estado; portanto: A estrada está em mau estado.

Um exemplo: "Abaixo de mal tempo". Certo dia tive o dissabor de me encontrar com este título de música: "Abaixo de mal tempo". Não era música ainda em fase de ensaios, ou seja, em tempo de corrigir o erro, mas já gravada em CD, e assim estava na capa. É caso típico de mau português que faz muito mal, ou será de mal português que faz muito mau?

Em paz com o português

O advogado Antônio Luiz Almada Prestes envia mensagem manifestando sua inconformidade com o uso do plural *pazes,* pois, segundo ele, "a paz é uma só". Cita um exemplo: "O João e a Maria fizeram as pazes depois de mais de seis meses em que haviam rompido o namoro".

Se as línguas fossem ciências exatas, nosso leitor estaria coberto de razão, pois se a paz é uma só, como justificar a flexão para o plural? O mesmo acontece com diversas outras palavras, como *saudade*, frequentemente flexionada para o plural *saudades*, em que pese, na sua essência, esse sentimento ser um só.

No entanto, apesar de as normas que regem seu uso seguirem princípios lógicos em sua maioria, as línguas não são ciências exatas, por uma razão simples: o usuário, mesmo no meio culto, muitas vezes transgride essas normas e acaba consagrando formas que do ponto de vista da lógica são equivocadas. O processo é semelhante ao que ocorre no Direito. Sintetizando, não é o legislador que gera as leis; na verdade, no regime democrático, as normas se processam na convivência entre os cidadãos, que levam seus anseios aos legisladores, a quem cabe dar-lhes forma.

Sempre é oportuno lembrar que a palavra é apenas uma das fontes de significado; a outra, mais rica, é o contexto. Exemplo: Em "Antônio é um grande advogado", estou usando as mesmas palavras de "Antônio é um advogado grande", mas o sentido é muito diferente; bastou inverter a ordem entre o substantivo *advogado* e o adjetivo *grande* para obter substancial diferença de significado. Outro exemplo: "Antônio é advogado, mas é honesto"; em palavra alguma se afirma que alguém seja desonesto, mas é o que a frase deixa a entender em relação a toda a classe dos advogados.

Voltando ao caso de *pazes*, apesar de equivocado do ponto de vista lógico, o uso consagrou o plural para algumas situações, em especial quando envolve mais de uma pessoa, como no exemplo citado. Com a palavra *saudade*, ocorre algo semelhante, mas não igual, pois se admite escolher entre singular e plural em qualquer circunstância. Tudo porque o usuário do idioma, o verdadeiro legislador, assim determinou.

Assim, meu caro Dr. Antônio, fique em paz e faça as pazes com a língua portuguesa.

Como lidar com palavras e expressões estrangeiras

As línguas sempre interagiram, umas contribuindo com as outras, algumas mais outras menos, dependendo da proximidade cultural, seja em relação ao tempo, seja em relação ao espaço. Na gastronomia e na moda, por exemplo, em passado recente, sofremos destacada influência de França e Itália, o que se refletiu de forma veemente no vocabulário da língua portuguesa nessas atividades. Já na informática, a influência do inglês é avassaladora, porque é a língua em que se expressam as descobertas dessa área e das ciências em geral. Com o advento da globalização, que limitou as distâncias entre as diferentes culturas, essa interação idiomática se acentuou de forma ainda mais acelerada e intensa.

Por ter sua origem no Direito romano, expresso originalmente em latim, a linguagem jurídica sofreu a natural influência dessa injustamente chamada língua morta, subsistindo até hoje dezenas de expressões latinas, a começar pelo *data venia*, seguindo pelo *in dubio pro reo, erga omnes, habeas corpus, ab initio, a quo,* etc. Modernamente, a ciência jurídica também se inspira em outras fontes, como os Direitos inglês, alemão, francês, italiano, norte-americano, entre outros, fazendo com que a linguagem sofra a influência dos respectivos idiomas.

Para os operadores do Direito que escrevem em língua portuguesa, é comum e natural surgirem dificuldades com relação à forma de lidar com essas influências, com esses estrangeirismos. Em Portugal, a tendência é traduzir; por exemplo, *site* vira *sítio*, *mouse* é traduzido para *ratinho*, e assim por diante. Mais submissos à cultura norte-americana, no Brasil adotamos a tendência de manter a forma inglesa, adaptando a grafia à pronúncia inglesa um tanto aportuguesada: *saite, ofsete, leiaute*. Quando se trata de palavras em que não há a possibilidade dessa adaptação, mantém-se a forma da língua inglesa: *bullying, common law*.

Enfim, não há, pelo menos por enquanto, orientação segura para lidar com palavras de língua estrangeira. Ocorre que as línguas se fazem pelo uso que se dá no meio culto. A definição, a consagração, desse uso requer tempo e, como não se trata de ciência exata, a forma a se consagrar nem sempre segue princípios lógicos. No entanto, algumas orientações precisam ser seguidas, como estas:

▶ **Grafia:** Adotando-se a forma original da língua estrangeira, a grafia tem que ser diferenciada, havendo duas formas adequadas para isso: entre aspas ou em itálico (grifo); por ser redundante, nunca se deve usar em itálico e entre aspas. Caso se adote a forma aportuguesada, deve-se grafar a palavra sem qualquer forma de distinção.

▶ **Coerência:** Num mesmo texto, o autor precisa manter-se coerente, usando sempre a mesma forma, sem alternar.

▸ **Excessos:** O excessivo uso de palavras e expressões estrangeiras causa mal-estar no leitor e muitas vezes é interpretado como exibicionismo. Assim, sugere-se moderação, usando-as quando são indispensáveis ou quando a linguagem técnica requer. Essa orientação vale também para as expressões latinas, cujo uso deve ser comedido.

▸ **Cuidados:** Quando optar pela forma original da língua estrangeira, é preciso estar atento à correção na grafia. É necessário lembrar, por exemplo, que no latim não há acento gráfico, como em *data venia*, em *in memoriam*, etc. É importante estar seguro no uso de palavras, expressões e frases em língua estrangeira, pois qualquer desatenção pode formar conceitos danosos no leitor a respeito da competência do autor do texto.

Grandíssimo ou grandessíssimo?

As duas palavras são formas de superlativo absoluto sintético, mas não têm o mesmo significado, como parecem entender tanto o advogado em sua inicial quanto o magistrado em sua sentença num processo judicial envolvendo um jogador de futebol. O uso de *grandessíssimo* por parte dos dois tem suscitado divergências no meio jurídico. Segundo o *Dicionário Aurélio*, as duas palavras devem ser usadas em situações distintas, reservando-se *grandessíssimo* para casos em que se pretende "reforçar um desaforo" ou "elevar sobremaneira um insulto".

Aliás, não é de todo incomum o uso equivocado de formas características de aumentativo. Exemplo marcante se dá com a palavra *poetaço*. Querendo elogiar uma poetisa, seu prefaciador chamou-a de *poetaça*. Contam que a escritora se encheu de orgulho com o *elogio*. Ela também não sabia que *poetaço* significa mau poeta...

Guarda-sol / Guarda-sóis

Sugestão de pauta do leitor Hamilton Périco Zabaletta lembra-me de esclarecer sobre a grafia correta de uma categoria de palavra composta muito usada no dia a dia de quem tem a missão de escrever. Trata-se dos compostos que têm o verbo como primeiro elemento. Sugere como exemplo *guarda-sol* e sua forma plural *guarda-sóis*: Escreve-se com hífen? Alguma das palavras que formam o composto flexiona? Ou flexionam as duas?

Aí vai a regra: sempre que a primeira palavra do composto derivar de verbo, usa-se hífen; portanto: guarda-sol; na formação do plural, mantém-se o hífen e apenas o substantivo *sol* flexiona: guarda-sóis. Mas, *sol* no plural, se existe apenas um sol? Existe o sol da manhã, da tarde, o sol do verão, do inverno, o sol que bronzeia mais, ou menos, o mais saudável e o menos saudável, entre outros sóis. Portanto, na prática, existe mais de um sol. Outros exemplos: guarda-pó / guarda-pós, quebra-cabeça / quebra-cabeças, lava-louça / lava-louças, guarda-chuva / guarda-chuvas.

Há casos em que a forma singular não tem uso, porque o substantivo que se segue ao verbo se refere obrigatoriamente a pares ou a maior número de objetos: porta-luvas, porta-joias, guarda-livros.

> **Alerta:** é essencial observar se o primeiro elemento do composto é realmente verbo; caso não seja, a regra não se aplica. Em *guarda-noturno*, por exemplo, *guarda* não é verbo, mas substantivo, enquanto *noturno* é adjetivo; neste caso, o hífen é mantido, e no plural as duas palavras flexionam: guardas-noturnos.

Olimpíada ou Olimpíadas?

Como acontece em todas as edições dos Jogos Olímpicos, na edição mais recente muitos comunicadores seguiram chamando-a de Olimpíadas, no plural, em vez do correto Olimpíada, no singular. A forma plural é reservada para quando se quiser fazer menção a mais de uma edição dos jogos, como em "as Olimpíadas realizadas no século passado". O que induz ao erro é o fato de ocorrerem muitas modalidades esportivas.

3.3. FLEXÃO VERBAL

Como já vimos, o verbo é a alma da frase, concentrando, em regra, a essência do significado que se pretende produzir. Por essa razão, são graves as consequências dos erros que se cometem em relação ao seu uso. Abordarei aqui aqueles casos em que as dificuldades são mais recorrentes.

Infinitivo flexionado

Uma das questões mais complexas da gramática da língua portuguesa é saber quando o infinitivo que acompanha outro verbo flexiona. Além de seu domínio ser de difícil assimilação, porque requer o exame de aspectos sutis da análise sintática, a explicação da regra também é difícil de transmitir. Antes de mais nada, vamos partir do princípio geral da concordância verbal: o verbo concorda com o seu sujeito. Em que pese a clareza da norma, na prática da elaboração de textos, as dúvidas não tardam a surgir, ou, pior ainda, nem surgem, situação em que o escriba acaba errando sem se dar conta. Vejamos as possíveis situações que podem ocorrer:

O infinitivo não flexiona:

   a) Quando o sujeito dos dois verbos é o mesmo: As constrições judiciais efetivadas em bens da demanda não são suficientes para garantir as execuções fiscais e trabalhistas anotadas nas matrículas dos imóveis envolvidos. O sujeito dos verbos *são* e *garantir* é o mesmo ("As constrições judiciais efetivadas em bens de demanda"), razão por que o segundo verbo não pode flexionar para o plural. Outros casos: Devem os honorários ser fixados em liquidação. Pensavam não errar jamais. Os dois advogados não quiseram admitir seu erro.

   b) Quando tiver sentido passivo: São problemas difíceis de se resolver. Não poderia ser "de se resolverem", porque a voz

do verbo é a passiva (quando o sujeito – *problemas* – é passivo da ação).
c) Quando o sujeito for um pronome oblíquo: Convido-os a festejar. O sujeito de *festejar* é o pronome oblíquo *os*, razão por que não pode ser "a festejarem".

O infinitivo flexiona:

a) Quando tiver sujeito próprio: O advogado afirmava não existirem as situações alegadas. Como se observa, o sujeito do primeiro verbo – *afirmava* – é "O advogado" e do segundo – *existirem* –, "as situações alegadas". Portanto, nos dois casos, cumpriu-se rigorosamente o princípio geral de concordância: o verbo sempre concorda com o seu sujeito.
b) Quando for reflexivo (quando a ação do sujeito reflete sobre ele mesmo): As partes foram levadas a se empenharem ao máximo. Como se observa, a ação do sujeito – *As partes* – de ambos os verbos – *foram* e *empenharem* – reflete sobre ele mesmo. É importante lembrar que nas formas verbais reflexivas é obrigatória a presença do pronome reflexivo (me, te, se, nos, vos, se).
c) Quando, antecedendo a oração principal, vier preposicionado: Para conseguires as provas, é necessário muito trabalho. Como se observa, a oração que tem o verbo no infinitivo é preposicionada (preposição *para*) e vem antes da oração principal ("É necessário muito trabalho").

Como o leitor pode observar, é impossível a aplicação dessas regras sem a realização da velha e quase sempre sonegada análise sintática. A ausência dessa análise torna inviável a assimilação das regras, como também de outras do campo da sintaxe, com destaque para a pontuação.

A sintaxe tem a especial função de estabelecer as relações de significado entre palavras e conjuntos de palavras. Quanto mais corretas, lógicas, criativas e harmônicas forem essas relações, mais rico será o significado obtido e mais vontade de ler gerará no destinatário, o leitor. Na medida em que essas relações forem perdendo qualidade, as consequências serão desproporcionalmente prejudiciais.

Portanto, se o estudo da análise sintática representa alto custo, o benefício por ele gerado é infinitamente mais alto, estabelecendo-se excelente relação. Ou será que é pouco poder dominar a pontuação, a concordância e a crase?

Descuidos do poder público

Veja abaixo a reprodução de parte do texto da placa. ▼

MANUTENÇÃO DO SKATE

- As peças do skate devem estarem em condições para deslizar, fazer curvas e/ou manobras.
- Os oito parafusos da base do eixo não devem estarem soltos ou faltando.
- Os dois eixos precisam estarem regulados adequadamente e não tortos.
- O shape precisam estar em bom estado e não trincados.
- Os oito rolamentos necessitam estarem limpos, girando com facilidade e não faltando.

O advogado Fernando Augusto Silveira Alves viu, sentiu-se incomodado, fotografou a placa acima e me enviou. Como também me incomodei, resolvi denunciar. Estava ela afixada na festejada e recentemente inaugurada pista de *skate* do trecho 3 da orla do Guaíba.

O item "MANUTENÇÃO DO SKATE" é formado por cinco frases, quatro delas repetindo, coerentemente, o mesmo erro: verbo principal e seu auxiliar flexionados, quando sabemos que nessa situação o verbo principal descansa e faz o auxiliar trabalhar, ou melhor, flexionar. Assim: "devem estar", e não "devem estarem"; "precisam estar", e não "precisam estarem", "necessitam estar", e não "necessitam estarem". Na quarta frase, o sujeito está no singular, mas seu verbo foi para o plural.

Será que o ouvido do autor dessas cinco frases não reclamou? O meu e o do Dr. Fernando sofreram forte *esqueitada*, provocando dor de intensidade antes nunca sentida. Desconfio que o responsável por elas jamais tenha lido uma frase corretamente escrita. Ou será que a elaboração original foi correta e alguém *corrigiu*?

O certo é que a preservação do patrimônio coletivo, de que a língua portuguesa talvez seja o mais valioso bem, é de responsabilidade do poder público. Espero que em breve o Dr. Fernando possa fotografar novamente essa placa devidamente corrigida.

O maltratado pronome reflexivo

O advogado Antonio Silvestri escreve mensagem denunciando o que ele chama de "impiedosos assassinatos do vernáculo". Cita como exemplo os profissionais de rádio que "se dizem poderosos, mas se expressam assim":

> Preciso falar consigo.
> Vacine-se! Vacinando-se, você se protege a si mesmo.
> Vamos se vacinar!

Com didática ironia, o Dr. Silvestri conclui: "Parece que os pronomes reflexivos 'si' e 'consigo' não se vacinaram e, talvez por isso, sucumbiram perante o ataque da Covid".

Corrijam-se as frases:

> Preciso falar com você (contigo / com o senhor ou a senhora).
>
> Vacine-se! Vacinando-se, você se protege (ou protege a si mesmo).
>
> Vamos nos vacinar! (O pronome reflexivo é conjugado, acompanhando a pessoa gramatical do verbo.)

Pobre verbo "adequar"

A correta conjugação do verbo *adequar* é uma dificuldade que está atingindo os mais altos escalões da comunicação, incluindo-se jornalistas, médicos, advogados e até mesmo magistrados das Altas Cortes. Recentemente, em alusão a um médico de São Paulo acusado de abusos contra pacientes, um Ministro da Suprema Corte afirmou que a conduta do profissional "não se adéqua aos ditames...". Com isso aderiu à lista de outros ilustres brasileiros, como Presidentes da República, Ministros de Educação, entre outros.

Diz a regra de conjugação que as formas rizotônicas desse verbo (as que carregam o acento tônico, que é o acento de pronúncia, na raiz) recebem o acento tônico no *u*, e não no *e*: *adequo, adequas, adequa, adequam, adeque, adeques, adeque, adequem*, e não *adéquo, adéquas, adéqua, adéquam, adéque, adéques, adéque, adéquem*.

Talvez o deslocamento do acento tônico para o *e* se deva ao fato de as formas corretas insinuarem palavra grosseira (*qu*), razão, aliás, que no passado fez alguns gramáticos não recomendarem seu uso. Nesse caso, os incomodados podem optar por forma composta: *é adequada*, ou trocar para o verbo *adaptar*, entre outras soluções.

Verbos defectivos

Há verbos que são defectivos, isto é, têm defecções na conjugação, ou seja, não têm conjugação completa, o que ocorre por várias razões, sendo três as principais:

- Por resultar em formas que coincidem com as de outros verbos de largo uso: o verbo *falir*, por exemplo, só é usado nas formas arrizotônicas, ou seja, as que têm o acento tônico na desinência (fora da raiz) – *fali, falimos*; não se podem usar as formas rizotônicas (as que têm o acento tônico na raiz), por serem coincidentes com as formas do verbo *falar – falo, fale, fala*. A solução é encontrada no uso de formas compostas: vou falir, vou à falência, entre outras.
- Por acabar em formas que causam estranheza: o verbo *viger*, por exemplo, só pode ser usado nas formas em que ao G se segue a vogal E – *vige, vigerá, vigem*. Nas demais formas, pode-se optar pelo sinônimo *vigorar*, ou por forma composta.
- Por originar palavra ridícula, grosseira ou obscena: enquadro aqui o verbo *adequar*, visto no item anterior; nas formas rizotônicas (que têm o acento tônico na raiz): *adequo, adequas, adequa, adequam, adeque, adeques, adequem*, o acento tônico recai sobre o U, gerando palavra grosseira (QU), devendo por isso ser evitadas.

De todos os verbos, o mais defectivo que conheço é *pertinir*, muito usado na linguagem jurídica, na expressão "no que pertine", ou seja, na terceira pessoa do singular do presente do indicativo, não havendo registro de uso em qualquer outra forma. O mais interessante é que não encontrei o registro desse verbo nos dicionários da língua portuguesa, nem mesmo no da linguagem jurídica. Depois de desistir da pesquisa, uma aluna me disse ter encontrado em recente edição do livro *Habeas Verba*, do saudoso Prof. Adalberto Kaspary. Como na edição que possuo não constava, fui pesquisar em outra, mais recente, e encontrei. Estava provado, mais uma vez, que os dicionários não conseguem acompanhar o ritmo de evolução no uso das línguas.

3.4. QUESTÕES DE GRAFIA
A questão das iniciais maiúsculas

O Dr. Bruno Philippi, de Brusque (SC), diz-se angustiado com uma questão que também me angustia volta e meia: o emprego de iniciais maiúsculas. Cita o caso dos recursos: há alguns recursos processuais que têm nomes próprios e outros (mais raros) que não têm. Menciona como exemplos da primeira categoria o Recurso Extraordinário (dirigido ao Supremo Tribunal Federal), o Recurso de Revista (dirigido ao Tribunal Superior do Trabalho) e o Recurso Especial (endereçado ao Superior Tribunal de Justiça); como exemplo da segunda categoria, cita o recurso dos Juizados Especiais, que se convencionou chamar de *recurso inominado*.

Vem daí a pergunta do leitor: "Quando nos referimos a recursos que têm nome próprio (mencionado inclusive na lei), devemos escrevê-los com iniciais maiúsculas? E o tal *recurso inominado*, devo continuar referindo-me a ele com iniciais minúsculas? E quanto aos Embargos de Declaração e à Apelação, o que o senhor me diz? Percebo que a grande maioria dos operadores do Direito costuma redigir todos com iniciais minúsculas."

Dr. Philippi, console-se, pois a ausência de normas claras e objetivas torna o emprego de iniciais maiúsculas/minúsculas uma questão angustiante para todos os que escrevem e se exigem correção. Nessa situação que você cita, o importante é estabelecer um padrão pessoal que esteja minimamente afinado com o que está em uso. Seja qual for a forma que você adotar, estará correta. O que não pode é pular de galho em galho, errar por incoerência.

Nos casos citados, use inicial maiúscula em todos, ou em nenhum. Como a formalidade é uma característica marcante da linguagem jurídica, eu optaria por usar inicial maiúscula. O que não pode ser motivo para distinção de grafia é o fato de um recurso ser dirigido a um Tribunal Superior e outro a Juizados Especiais ou a qualquer outro tribunal. Por isso mesmo, recomendo um truque:

na dúvida, use inicial maiúscula. Faça isso, e se sentirá mais à vontade ao escrever, porque livre dessa angústia.

Iniciais maiúsculas em funções do Judiciário

Questionado sobre a correção no emprego de iniciais maiúsculas em palavras que designam funções no Poder Judiciário, como: magistrado, juiz, desembargador, entre outras deste e dos demais Poderes, destaco inicialmente que o assunto não está regrado por normas claras e objetivas. Assim, resta-nos encontrar a solução dentro de uma orientação baseada em princípios norteadores – constitucionais, por assim dizer – do nosso idioma.

Diferente de outras línguas, o português tem por princípio limitar o uso de inicial maiúscula a poucos casos. Em sentido contrário, o alemão, por exemplo, usa inicial maiúscula em todos os substantivos, norma que seu coirmão inglês não segue, mas, mesmo assim, é mais generoso que o português, utilizando-a, por exemplo, nos nomes de idiomas, moedas, meses e dias da semana, além de outros casos em que nossa língua usa iniciais minúsculas.

Na designação de cargos, a norma do português manda usar iniciais maiúsculas na designação de *altos cargos*, mas não dá pista sobre o que entende por *altos cargos*. Essa subjetividade da norma levou à adoção de extremos: no jornalismo, todos os veículos de comunicação adotaram não usar inicial maiúscula na designação de qualquer cargo, não reconhecendo, portanto, a existência de *alto cargo*; em contrapartida, na administração pública, assim como na privada, utiliza-se inicial maiúscula na designação de qualquer cargo, do mais alto ao mais baixo, como se todos fossem *altos cargos*. Em face da falta de clareza na norma, as duas práticas se justificam desde que coerentemente adotadas, não admitindo exceções.

O que não se pode é confundir cargo com função. Entendo que *magistrado, juiz* e *desembargador*, assim como *promotor* e *procurador*, entre outras denominações, são designações de função, e não de cargo. Por essa razão, julgo adequado usar iniciais minúsculas, reservando as maiúsculas para os cargos: Presidente do Tribunal, Presidente de Câmara, Corregedor-Geral, Procurador-Geral, entre outras designações.

Iniciais maiúsculas em datas comemorativas

Usam-se iniciais maiúsculas na designação do dia que marca a homenagem que se faz a categorias profissionais das mais variadas áreas, a atividades e a figuras marcantes na vida das pessoas: Dia do Advogado, Dia do Radialista, Dia das Mães, Dia dos Pais, Dia da Imprensa, entre muitas outras designações já existentes ou que venham a existir.

As sutilezas do hífen

O artigo "O princípio da boa-fé no acesso por concurso público", dos jovens advogados gaúchos Rogério Viola Coelho e Jefferson Alves, publicado no *Espaço Vital*, me fez lembrar uma das mais frequentes dúvidas que me é apresentada: por que o hífen em *boa-fé*?

Vamos lembrar o princípio que orienta o emprego do hífen em palavras compostas: usa-se o hífen quando ocorre mudança de significado em um ou mais elementos do composto, ou ainda quando o composto como um todo resulta em novo significado. Muitas vezes, é difícil detectar essa mudança no significado, seja pela sutileza de sua mudança, seja por não atentarmos a ela.

Em *boa-fé* e seu oponente *má-fé*, a diferença de significado a ser marcada pelo hífen não está nos adjetivos *boa* e *má*, mas no substantivo *fé*, porque esta palavra é usada com desvio de significado: em vez de fazer alusão ao seu sentido primário, que é de crença, nas expressões *boa-fé* e *má-fé*, ela está sendo usada mais com o sentido de intenção do que de fé. Quando se diz que alguém agiu de boa--fé, se quer dizer que ele teve boas intenções.

Apenas indo à profundidade contextual da expressão é que se pode perceber um sentido que extrapola a intenção e se alcança alguma questão de fé; em termos de significado, a fé extrapola a intenção, razão por que atribui à expressão maior vigor de significado, fazendo com que se consagrassem as formas *boa-fé* e *má-fé*.

Outro exemplo interessante é o de *decreto-lei*: decreto e lei são dois tipos diferentes de atos normativos; juntando-se os dois, obtemos um terceiro tipo, pois decreto-lei não é decreto nem lei; portanto, as duas palavras juntas criaram um terceiro significado, o que justifica o emprego do hífen.

Curiosa é também a expressão *fim de semana*. Para se decidir pelo uso ou não dos hifens, discutia-se o real sentido da expressão. Sabe-se que é referência ao período de descanso. Modernamente, esse descanso começa e termina onde? Inclui o sábado? Como nada estava claro, reinava a dúvida. Só não se discute mais porque o Acordo Ortográfico de 2008 determinou a eliminação do hífen nos compostos em que há elemento de ligação no meio (no caso a preposição *de*). Outros exemplos dessa definição do Acordo Ortográfico: mão de obra, pé de moleque, pão de ló. É importante lembrar que os hifens dos nomes de plantas e animais foram preservados: cana-de-açúcar, erva-de-passarinho, ratão-do--banhado, gato-do-mato.

Portanto, o emprego do hífen em palavras compostas é questão de inteligência, e como tal exige permanente e acurada atenção ao significado. Nas palavras prefixadas, ou seja, aquelas que iniciam com prefixo, não se leva em conta o significado, mas apenas a forma da grafia.

Com ou sem hífen?

Ricardo Fernando Franceschi pergunta sobre a grafia de *homoafetiva*, na expressão *relação homoafetiva*. A dúvida se refere à existência ou não de hífen. Se prevalecesse a regra anterior ao Acordo Ortográfico de 2008, nem se cogitaria de hífen, porque *homo* é falso prefixo, e os falsos prefixos não admitiam hífen. Entenda-se como falso prefixo todo elemento que na língua de origem (no caso, o grego) não era prefixo, mas que foi adotado na língua portuguesa como se fosse.

Segundo a nova regra, vale para os falsos prefixos a mesma norma que se aplica à absoluta maioria dos verdadeiros prefixos: usa-se hífen apenas quando a palavra que se segue ao prefixo inicia por *h* ou pela mesma vogal final do prefixo. Como em *homoafetiva* não ocorre nenhum dos dois casos, não se grafa com hífen.

Ciclone-bomba

Certa vez, fui impedido de elaborar e enviar em tempo hábil meu Escreva Direito para publicação no *Espaço Vital*, tudo por causa do até então desconhecido ciclone-bomba, que me deixou sem energia elétrica e sem Internet por cerca de 24 horas, período que incluía o tempo que costumo dedicar à elaboração desta tarefa semanal. Assim, além do confinamento imposto pela pandemia, fui atingido por mais essa imobilização, razão por que mereci a compreensão dos leitores.

Num primeiro momento, fui surpreendido pelo nome atribuído ao fenômeno, pois nunca tinha ouvido a expressão *ciclone-bomba*. Na sequência, observei que poucos profissionais da comunicação e da meteorologia acertaram sua grafia. Por se tratar de terminologia nova, alguns redatores mais conscientes devem ter procurado nos dicionários e não encontraram registro da expressão; descobriram alguma coisa no Dr. Google, mas não havia padronização na grafia; resultado: ora a expressão vinha grafada com hífen, ora sem. O que poderiam fazer?

Essa situação é frequente e cresce na medida em que no mundo atual as novidades são cada vez mais assíduas. A forma mais produtiva e duradoura para resolver essas dúvidas é a fixação da norma gramatical. Aliás, no Direito também não é assim? Não é na norma jurídica que se busca a solução das dúvidas antes de qualquer outro recurso?

No caso de *ciclone-bomba*, qual a norma da grafia? Diz a regra: "Usa-se hífen em combinações substantivas cujo segundo elemento é indicativo de tipo, forma ou finalidade". Trocando em miúdos: sempre que o composto é formado por dois substantivos e o segundo informar sobre tipo, forma ou finalidade em relação ao primeiro, usa-se hífen. Bingo! É o caso de *ciclone-bomba*, pois *bomba* informa sobre o tipo de ciclone. Se no futuro surgirem outros tipos de ciclone, aplicando a mesma regra, sabemos desde já que sua grafia se dará com hífen. Exemplos possíveis: ciclone-raio, ciclone-relâmpago, ciclone-trovão, etc.

Outros casos de expressões cuja grafia reinante raramente respeita essa norma são *sequestro-relâmpago* (refere-se a um tipo de sequestro) e *temperatura-ambiente* (um tipo de temperatura). O caso mais emblemático, no entanto, é o do *Bolsa-Família* (um tipo de bolsa; aliás, a lei que criou o programa publicou a expressão sem usar hífen, consagrando o erro de grafia). Outro caso de lei que apresenta esse tipo de equívoco é o Estatuto da Criança e do Adolescente, que se refere a medidas *sócio-educativas*, com hífen, quando a grafia correta é *socioeducativas*, pois *sócio*, além de substantivo, pode ser prefixo, como no caso, mas não existe como adjetivo (o adjetivo correspondente é *social*; aliás, a forma mais adequada seria *medidas social-educativas*).

É essencial que a aplicação da regra das combinações substantivas se dê com absoluta precisão. Quando, por exemplo, um dos elementos do composto não é substantivo, a regra é inaplicável. Em expressões como *Diretor Financeiro, Diretor Administrativo, Diretor Técnico, Diretor Jurídico, Diretor Médico*, etc., a regra não se aplica, porque o segundo elemento é adjetivo, e não substantivo. Já em *Diretor-Presidente* e *Diretor-Superintendente*, o hífen ocorre, porque os dois elementos são substantivos. A maior dificuldade na aplicação da regra está muitas vezes na clara distinção entre substantivo e adjetivo, já que existem muitas palavras que podem ser usadas nas duas funções, dependendo do contexto, como: executivo, médico, político, mudo, deficiente, entre outras.

Paralimpíada / Paraolimpíada

O certo seria *paraolimpíada*. Quando se quer realizar cortes, acréscimos ou substituições, nunca se faz na raiz da palavra (*olimp.*), mas no prefixo ou no sufixo (no final). Como o inglês, por seguir outra orientação, eliminou o *o* de *olympic*, para que houvesse padronização entre as diversas línguas, consultados, os brasileiros concordaram em cometer mais essa infração contra as normas do nosso idioma. Para haver pelo menos coerência no modelo infracional, deveria ser *paralympíada*. Considero isso mais uma submissão desnecessária. Aliás, experimente digitar *paralimpíada* no seu Word; verá o Colorado em campo, sublinhando a palavra em vermelho. Ou seja, até o Word sabe que o certo seria *paraolimpíada*.

Fórum ou foro?

As duas formas são consideradas corretas para a designação do local onde estão instalados os órgãos do Poder Judiciário. As formas *fórum* e *fóruns*, apesar de originalmente latinas, já estão incorporadas ao vocabulário oficial do português. Por sua vez, *foro* e *foros*, com pronúncia fechada no singular e aberta no plural, além de sinônimos de *fórum* e *fóruns*, têm sentido estendido para designar também o conjunto de órgãos jurisdicionais, significando ainda poder, alçada, jurisdição, juízo, julgamento, entre outras acepções.

A distância entre *avocar* e *avocoar*

Pode parecer invenção, mas não é. Em mandado de segurança impetrado por uma empresa contra um subordinado do Secretário da Fazenda do Estado do Rio Grande do Sul, em seu relatório, o juiz afirma textualmente que "o Secretário Estadual da Fazenda se avocoa o direito de prestar informações...".

Estima-se que a intenção era usar *avoca*, no sentido de chamar para si, atrair, até porque não existe *avocoar*, parecido com *evacuar*, com sentido oposto. Corrija-se antes que se consagre mais um neologismo indevido.

Aliás, não me oponho a neologismos, até porque as línguas são entidades vivas, em constante evolução, mas as novas palavras precisam agregar significado, e não vir em simples substituição a uma já existente na língua. O mesmo vale para os estrangeirismos, tão em moda.

Bagé / Bajeense

O advogado Rogério Teixeira Brodbeck, de Pelotas, pede para esclarecer um paradoxo: por que o nome do Município de *Bagé* é grafado com *g* e o gentílico *bajeense* o é com *j*?

As normas oficiais de grafia, definidas por lei pela reforma ortográfica de 1943, determinam que todos os nomes de origem indígena, na dúvida entre *g* e *j*, sejam grafados com *j*. Ocorre que a grafia dominante de *Bagé* anteriormente a 1943 era com *g*. Isso gerou acirrada discussão na comunidade, até que, na década de 1970, um decreto-lei, atendendo a pedido de bajeenses ilustres, determinou que a grafia do nome do Município fosse com *g*. Esqueceu-se o legislador que de *Bagé* deriva o gentílico *bageense*, que deveria ser grafado com *g*, mas que, por omissão do decreto-lei, precisa ser grafado com *j*, em cumprimento à Lei de 1943, que define as normas de grafia da língua portuguesa. Antes de publicar o decreto-lei, por que não entregaram o texto para um professor de Português revisar, ou para os competentes revisores gramaticais que trabalham no Legislativo federal?

Talvez fosse o caso de questionar a constitucionalidade do decreto-lei, já que ele se sobrepôs a uma lei. Alguém se anima? Enquanto isso não ocorre, continuemos com o lamentável paradoxo: *Bagé*, mas *bajeense*.

Festas com grafia correta

Nas festas de final de ano são utilizadas palavras e expressões típicas para marcar o Natal, a virada de ano, férias e outras efemérides. Para que estas sejam completas, é recomendado grafá-las corretamente, seguindo algumas regras.

▶ Iniciais maiúsculas/minúsculas. Os nomes que designam datas comemorativas, diz a regra, devem ser grafados com iniciais maiúsculas; portanto, *Natal*.

Expressões como *boas festas*, *boas entradas*, entre outras, não designam datas comemorativas, sendo, por isso, grafadas com iniciais minúsculas, a não ser, é claro, quando uma dessas palavras está no início de frase ou expressão.

▶ Ano novo, ou Ano-Novo? Depende do alcance dos votos. Se a intenção for desejar uma boa virada de ano, aludindo apenas ao primeiro dia, à data festiva, faz-se referência à data comemorativa que marca um novo ano; portanto, com iniciais maiúsculas.

E por que o hífen? Vamos ao princípio que rege o emprego do hífen em palavras compostas: usa-se hífen sempre que houver a intenção de alertar o leitor sobre alguma mudança de sentido na expressão. Sem hífen, *ano novo* faz referência a todo o ano que está iniciando; se a intenção for limitar os votos à comemoração que marca a entrada de um novo ano, a forma de avisar o leitor é, além das maiúsculas, usando hífen: *Ano-Novo*. Pessoalmente, costumo desejar feliz Ano-Novo e feliz ano novo a todos os familiares e amigos.

▶ Felizes férias (feriados e feriadões) ou feliz férias? Companheiro fiel do substantivo, o adjetivo, por óbvio, sempre concorda com ele. Assim, se *feliz* é adjetivo vinculado ao substantivo *férias*, é claro que precisa concordar com ele, acompanhando-o no plural: *felizes férias*. A origem da dúvida prende-se ao fato de a palavra *férias* não ter a forma singular féria, já que refere descanso plural, de mais de um dia. Quando é para designar apenas um dia de descanso, a língua portuguesa disponibiliza a palavra *feriado*, e, para os feriados estendidos, oferece o popular e generoso aumentativo *feriadão*. Assim, costumo desejar bons feriados e feriadões, e felizes férias.

▸ *Réveillon*. Certa vez alguém me telefonou dizendo ter uma dúvida de português, seguindo-se este diálogo:

– Qual é sua dúvida?
– Como se escreve *Réveillon*?
– Sua dúvida não é de português, mas de francês.
– Como assim?
– *Réveillon* é palavra francesa.

O exemplo mostra claramente como as línguas se inter-relacionam. O fato em si é positivo, mas quando se integra à cultura de um povo, fazendo com que grande número de palavras de determinada língua estrangeira invada nossa língua, substituindo vocábulos consagrados, significa empobrecimento cultural. Lamentavelmente, estamos sendo vítimas dessa pobreza, outrora invadidos pelo francês e hoje pelo inglês.

Para evitar esse empobrecimento, em vez de perguntar ao amigo como foi seu *Réveillon*, sugiro que se pergunte como foi a passagem de ano, em bom português e sem dúvida sobre grafia.

A maior das palavras

Dizia-se que a maior das palavras da língua portuguesa era **inconstitucionalissimamente**, significando "de modo absolutamente inconstitucional". Pois, o neto do Dr. Marco Antonio Birnfeld, criador e mantenedor do *Espaço Vital*, descobriu e apresentou a ele uma palavra bem maior, composta por 46 letras, distribuídas em 20 sílabas. Esta:

pneumoultramicroscopicossilicovulcanoconiótico.

É claro que todos os nossos leitores leram a palavra com a maior facilidade...

Meu amigo Dr. Marco Antonio entregou-me a batata quente, como que dizendo: Vai ver o que é e descobre o significado... Fui atrás e descobri. O *Dicionário Houaiss*, já na edição de 2001, registra a palavra informando que se refere ao "indivíduo portador de doença pulmonar causada pela inspiração de cinzas vulcânicas". Assim, essa, pelo menos por enquanto, passou a ser a maior palavra do português com registro em dicionário.

Aproveito para lembrar que palavras muito longas não são comuns na língua portuguesa, pois nosso idioma não tende à aglutinação, como o alemão, por exemplo. É certo que passou a ser mais flexível com a implementação do Acordo Ortográfico de 2008, que, entre suas modificações, determinou a aglutinação de muitos prefixos ao restante das palavras, tornando-as mais longas. Mas nada a comparar com a língua alemã. Observe o leitor esta palavra:

Donaudamfschifffahrtselektrizitätenhauptbetriebswerkbauunterbeamte.

Espero que alguém com mais conhecimento da língua de Goethe tenha conseguido ler com naturalidade. Já me disseram que até mesmo alemães cultos têm dificuldade para isso. Quanto a nós, talvez a tradução ajude: Associação dos Subordinados da Construção da Central Elétrica da Companhia de Barcos a Vapor do Danúbio. Diante disso, alguém ainda acha que o português é a língua mais difícil do mundo?

Viagem / Viajem

Pergunta que me fazem com frequência: por que o substantivo *viagem* é grafado com *g*, enquanto a forma verbal *viajem* é escrita com *j* ("É bom que vocês viajem")? Irritados, às vezes acrescentam: "Por isso que é impossível aprender português". É certo que o português não é língua fácil, como também é certo que não existe língua fácil. Eu diria mais: não é possível ter o pleno domínio de qualquer idioma.

Mas, viajemos um pouco: o substantivo *viagem* é com *g*. A partir dele formou-se o verbo *viajar*, em que foi necessário mudar o *g* da raiz para *j*, em respeito ao princípio constitucional da língua portuguesa que determina escrever de acordo com a pronúncia; no entanto, em toda a conjugação do verbo *viajar* não encontramos razão para mudar de *j* para *g*, nem mesmo na terceira pessoa do plural do presente do subjuntivo, que é *viajem*, com *j*. Portanto, *viajem*, e façam boa *viagem*.

Grafia de *coronavírus*

Logo no início da pandemia, diversos leitores pediram para esclarecer a respeito da grafia de *coronavírus*, se é com acento e se a inicial deve ser maiúscula ou minúscula. Como se trata de palavra plenamente incorporada à língua portuguesa, deve ser acentuada; é substantivo comum que designa um vírus causador de doença, devendo por isso ser grafada com inicial minúscula, assim como os nomes comuns de qualquer doença.

Aliás, a palavra foi rapidamente incorporada ao léxico da língua, apesar de o Word (pelo menos a minha versão) não reconhecê-la como tal, pois a sublinha em vermelho. Fato raro: a contaminação foi tão rápida, que a ágil tecnologia da informação ficou para trás...

Inconformidades

1. A advogada Christa Wanke, de Santa Catarina, dizendo-se revoltada com a reforma ortográfica de 2008, afirma que não pretende deixar de escrever a palavra *ideias* com acento, assim como continua usando os hifens nas palavras em que estes foram retirados. Encerra a mensagem com um viva à língua portuguesa.

Pessoalmente, também não concordei com as mudanças introduzidas, que acabaram gerando muita insegurança, sem contar que produziram custos exorbitantes e benefícios quase nulos. Aliás, em Portugal e nas ex-colônias portuguesas da África não se adotou a reforma na prática, acabando com sua grande razão de ser, que era a unificação da grafia entre o Brasil e os demais países que têm no português sua língua oficial. Espero que tenha sido a última vez que se mexe na grafia.

2. Hugo Schirmer, escrivão aposentado de Santa Maria (RS), apresenta uma situação recorrente e difícil de resolver: "Recebo trabalhos oriundos de Portugal. O que faço? Completamente diferentes. Também tenho trabalhos em *brasileiro*, escritos antes e/ou depois de 2008, em que é usado trema, hífen indevido, enfim vem de tudo. Fazer o quê? Mexer no trabalho alheio? Modificar seu sentido?"

Quando se transcreve texto de outro, alguns cuidados devem ser assumidos: 1. Nunca mexer no significado. 2. Quando se trata de texto antigo, em que, por razões históricas e/ou culturais, é interessante manter a grafia da época, também não se deve mexer. 3. Tratando-se de texto originário de Portugal ou de outro país de língua portuguesa que não o Brasil, em regra recomendo manter a grafia original. 4. Nos demais casos, em que não há razão para não atualizar a grafia, por questões pedagógico-didáticas, deve-se proceder à correção, mas, repita-se, sem jamais interferir no significado.

Dois milhões

O advogado Rogério Brodbeck, de Pelotas, pergunta sobre a forma correta: dois milhões de doses de vacinas ou duas milhões de doses de vacinas. *Milhar, milhão, bilhão, trilhão,* etc. são classificados como substantivos masculinos, devendo, portanto, o numeral que os acompanha concordar com eles, no masculino: dois milhões de doses de vacinas.

Enquanto isso, abaixo de um milhão, as expressões numéricas se classificam como numerais, portanto sem gênero definido, o que as leva a concordar com o substantivo que as acompanha, no caso o substantivo feminino *doses*: duas mil doses de vacina, duzentas mil doses, novecentas e noventa e nove mil doses.

Ês, esa, isa / ez, eza

As palavras com esses sufixos que têm origem em substantivo, não importando se comum ou próprio, são grafadas com *s*: China – chinês, chinesa; montanha – montanhês; Pequim – pequinês; Portugal – português, portuguesa; poeta – poetisa; duque – duquesa; profeta – profetisa; sacerdote – sacerdotisa.

Quando têm como origem um adjetivo, a grafia será com *z*: frio – frieza; escasso – escassez; rápido – rapidez; rígido – rigidez; pobre – pobreza; rico – riqueza; estúpido – estupidez; largo – largueza; pequeno – pequenez; árido – aridez.

Na aplicação da regra, é essencial atentar para dois aspectos: ter clareza na distinção entre substantivo e adjetivo, e prestar atenção ao significado. Exemplo: *pequinês* (raça de cães) deriva do substantivo próprio *Pequim*, enquanto *pequenez* deriva do adjetivo *pequeno*; quanto ao significado, difere por completo.

Os números que identificam as emissoras de rádio

As emissoras de rádio estão anunciando o fim das transmissões em AM, ou seja, da amplitude modulada, ou onda média, mantendo apenas a modalidade FM, que consiste na modulação em frequência. Inventada em 1933 pelo engenheiro estadunidense Edwin Armstrong, a radiodifusão FM em banda larga é mundialmente utilizada por fornecer som de alta fidelidade na transmissão e recepção de rádio.

Muitas emissoras vinham transmitindo nas duas bandas. A justificativa da manutenção da AM se devia pelo seu mais longo alcance em relação à FM. Com o advento das novas tecnologias de comunicação, o alcance da FM se tornou ilimitado, não se justificando mais a modalidade AM. A saída das emissoras da transmissão em AM é, na verdade, uma antecipação ao plano do governo de em breve acabar com essa modalidade, impedindo as emissoras de a seguirem utilizando. Os próprios aparelhos de rádio já sairão das fábricas sem a opção para AM.

Os leitores devem estar se perguntando: o que a língua portuguesa tem a ver com isso?

Ocorre que alimento a esperança de que as emissoras vão aproveitar a mudança para corrigir um erro histórico, resultante da nossa cultura de submissão ao que vem de fora, em especial dos domínios da língua inglesa, que, claro, não tem culpa disso, porque nós é que nos submetemos espontaneamente ao exagero das influências externas.

Esclareço: nas expressões numéricas, o português, assim como a absoluta maioria dos idiomas, usa o ponto para separar os milhares e a vírgula para separar as frações; o inglês faz o contrário: usa vírgula onde usamos ponto, e ponto onde usamos vírgula. Por exemplo, para expressar dois mil dólares em algarismos, o inglês escreve: U$ 2,000.00, enquanto nós usamos U$ 2.000,00. É aqui que chegamos ao ponto: na identificação das emissoras de rádio, incoerentemente, não seguimos a mesma regra, usando ponto em vez de vírgula: 93.7, 101.3, 94.5, etc. Isso porque o sinal de pontuação a ser usado no caso deve indicar fração (104,5), e não milhar.

Então, nos modelos de automóveis comete-se o mesmo erro ao denominá-los 1.0, 1.6, 2.0, etc.? Não, porque esse ponto indica a potência do motor em milhares de cilindradas, cumprindo, portanto, sua correta função nessas expressões numéricas, ou seja: 1.000 cilindradas, 1.600 cilindradas, 2.000 cilindradas. Trata-se de uma forma lógica e inteligente de abreviar a informação.

Outro uso indevido desse ponto ocorre quando alguém informa sua idade: em vez de dizer que está com 50 anos, diz ter 5.0. Trata-se de forma bem-humorada, que, no entanto, está no terreno da informalidade.

4
ESTILO: A QUALIFICAÇÃO DO TEXTO

São muitas as condições que sempre fizeram a qualidade de um texto: coesão, coerência, correção, objetividade, clareza, precisão e concisão, entre outras menos votadas.

Todas elas continuam importantes, mas, devido ao espírito de pressa dos tempos que vivemos, quatro delas ganharam especial notoriedade nos textos modernos, em especial no jurídico; são elas: clareza, objetividade, concisão e precisão.

Clareza

Alguns exemplos:

▶ Descendo a escada, foram vistos diversos advogados. Quem descia a escada: os advogados ou quem os via?

▶ A mulher perguntou ao homem o que seria de seu filho. De quem é o filho: da mulher, do homem, ou dos dois?

▶ Alunos que não leem frequentemente têm mais dificuldades. Quem tem mais dificuldades: alunos que não leem com frequência, ou com frequência tem mais dificuldades alunos que não leem?

Nesses exemplos, a falta de clareza está na ambiguidade, defeito comumente encontrado nos mais variados textos, assim como são muito presentes aqueles textos prolixos ou contraditórios que, a rigor, nada significam, a não ser que o leitor se utilize de recursos de adivinhação.

Mal leu, já entendeu, eis a condição para que se considere claro um texto moderno. Não há tempo para uma segunda leitura; aliás, tal é a celeridade da vida moderna, que não estamos longe de exigir mais: *Nem leu, já entendeu.*

Um dos melhores exemplos de falta de modernidade é a primeira frase do Hino Nacional brasileiro, cantada milhares de vezes por milhões de emocionados compatriotas, mas entendida por poucos: *Ouviram do Ipiranga as margens plácidas de um povo heroico o brado retumbante.* Não importa quem fosse escrever a letra do hino brasileiro hoje, é certo que não o faria nessa forma. Talvez assim: *As margens plácidas do Ipiranga ouviram o brado retumbante de um povo heroico.* Fácil de entender, não é mesmo? Bastou colocar na ordem direta aquilo que estava na mais absoluta desordem.

Portanto, o moderno é a ordem direta: em vez de escrever que "o magistrado à testemunha perguntou", é melhor, porque de mais rápido entendimento, escrever que "o magistrado perguntou à testemunha".

Outro defeito que emperra a clareza, este muito comum na linguagem jurídica, é a busca de formas rebuscadas, de palavras de raro uso ou de expressões estrangeiras. É claro que não se devem confundir essas formas com a terminologia técnica, muitas vezes necessária para o melhor entendimento entre as partes.

Para ser claro, o autor precisa, acima de tudo, não perder de vista o destinatário do texto. A forma empregada pelo advogado para se dirigir a um magistrado certamente não será a mesma que utilizará quando for escrever para seu cliente, nem será a mesma para todos os clientes, pois as condições culturais não serão iguais entre todos.

Por fim, um conselho: se o leitor não dispõe de tempo para uma segunda leitura, quem escreve não pode abrir mão dela, nem talvez de uma terceira, quarta leituras... Nunca deixe de reler o que escreveu, uma vez ou mais, pois sempre encontrará o que pode ser melhorado.

Objetividade

A **objetividade** é outra qualidade que ganhou especial importância nos textos modernos. Movido pela pressa e pelos inúmeros afazeres, o leitor não dispõe de tempo (ou acha que não dispõe) para ler obviedades, coisas que ele já conhece ou que não lhe interessam, como que dizendo: "Tenho mais o que fazer".

Houve época em que ninguém se incomodava com a leitura de obviedades. Era até considerado uma forma de cortesia para com o destinatário, de distinção. Hoje, essas inutilidades são consideradas faltas de cortesia e mesmo ofensa à inteligência do leitor. Observe-se este exemplo, comum em petições judiciais:

▶ Vimos pelo presente solicitar a Vossa Excelência... Não é óbvio que quem vai, está indo? Então, porque "Vimos"? Por que "pelo presente"? Não é óbvio que não será por outro? Como se vê, o que parece ser uma forma cortês, é, na verdade, uma descortesia, uma ofensa à inteligência do leitor. Então, sugere-se trocar por forma mais objetiva e, por isso, mais cortês: *Solicitamos a Vossa Excelência.*

Pior do que essa forma de iniciar uma comunicação é uma antiga, bem conhecida e ainda usada em alguns meios, para a despedida:

▶ Nada mais havendo a tratar, aproveitamos a ocasião para renovar nossos protestos da mais alta estima e distinta consideração. Examinemos: Se o autor simplesmente parasse de escrever, o destinatário já não saberia que ele nada mais teria a tratar? Ele também não saberia que o autor estaria aproveitando a ocasião para alguma coisa? Por que *protestos*, se a manifestação é de estima e consideração? Nem se entre no mérito do restante da mensagem, porque é mesmo o resto.

Enfim, está difícil de encontrar algo de positivo nessa despedida. Só falta um *amém*. Aliás, a maioria absoluta dos destinatários, quando chega no "Nada mais havendo...", nem lê o resto, por duas razões essenciais: já conhece de cor e, principalmente, porque não acredita na falsa declaração de amor... Modernamente, troca-se toda essa ladainha por *Atenciosas saudações*, ou *Atenciosamente*, ou, se o destinatário for de hierarquia superior, *Respeitosas saudações*, ou *Respeitosamente*. Há alguma falta de cortesia nessa forma objetiva?

Os processos judiciais modernos também precisam contemplar essa desejada objetividade. Não há mais lugar para aqueles processos inchados por jurisprudência, doutrina e palavrório desnecessários. Em nome da celeridade da Justiça, sugerem-se iniciais objetivas, precisas, claras e concisas, esperando-se o mesmo das sentenças.

Em seus pareceres jurídicos, os advogados também têm que se ater a essa limitação de tempo de seus clientes, que esperam posições seguras, mas também objetivas, precisas, claras e concisas.

A objetividade pode ser comparada ao avião que chega para pousar no destino. O normal, o objetivo, é que ele pouse de imediato, que não fique dando voltas e mais voltas antes de pousar. Só fará isso se houver motivo que o impeça de realizar o pouso.

Mais uma vez, confirma-se o princípio linguístico: o ambiente e o espírito da época são determinantes da forma de linguagem.

Concisão

O leitor certamente conheceu pessoas que falam, falam e falam, mas nada dizem. Para compensar, deve ter conhecido outras que quase não falam, mas, quando o fazem, dizem tudo em poucas palavras. Estas últimas são as que praticam a concisão.

Pois, entre todas as qualidades do texto moderno, a **concisão** é das mais importantes e, ao mesmo tempo, talvez a mais difícil de ser alcançada. Consiste em dizer tudo com o mínimo de palavras. Faz-se, portanto, economia linguística, que, no entanto, não pode ser confundida com economia de pensamento. Este deve ser expresso por inteiro. O maior perigo para o iniciante é levar os princípios da objetividade e da concisão para o extremo de quase nada informar, deixando tudo para a adivinhação do leitor.

Bom exemplo de concisão encontra-se no jornal: trinta anos atrás, as páginas dos jornais, em média, eram formadas por 70% de texto e 30% de ilustrações; hoje, em função da necessidade de concisão, imposta pelo espírito de pressa dos novos tempos, esses percentuais se inverteram. Os redatores têm que se limitar à essência do conteúdo, além de levar em conta o que as ilustrações (fotografias, gráficos, quadros, etc.) já informam, para evitar a redundância, um dos grandes inimigos da concisão.

Na literatura universal, o escritor Ernest Hemingway é modelo a ser seguido quando se trata de ser conciso. Todas as narrativas dele são curtas se comparadas com as da maioria de seus contemporâneos. *O Velho e o Mar*, por exemplo, tem em torno de 160 páginas, graças a sua preocupação com a concisão. Ele adotava uma estratégia: concluída a elaboração da obra, colocava-a numa gaveta e iniciava outra; concluída esta, retomava aquela, com um único objetivo: retirar os excessos, fundir, reduzir; enfim, tornar mais conciso, não se permitindo acrescentar nada.

Para exemplificar o processo de concisão a ser adotado pelos que escrevem, ocorre-me a mensagem comumente encontrada nos potes de mel: "Puro mel de abelha". Uma pergunta: além da abelha, quem mais faz mel? Resposta: só a abelha. Então, basta dizer "Puro mel". Segunda pergunta: a abelha faz mel que não seja puro, honesto? Resposta: não. Então, basta dizer "Mel".

É fácil ser conciso? Não. Exige muita reflexão, muito trabalho e, portanto, tempo. Contam que um pregador ficou famoso em função da profundidade e, ao mesmo tempo, da concisão de suas prédicas, que duravam apenas 15 minutos, mas transformavam o pensamento de seus ouvintes. Um jornalista resolveu entrevistar o religioso para conhecer a estratégia que este adotava. Iniciou perguntando: Quanto tempo o senhor levou para preparar esse sermão de 15 minutos. Resposta: em torno de três dias. E se fosse de 30 minutos? Resposta: um dia. E de uma hora? Resposta: posso começar agora mesmo. Portanto, ser conciso dá trabalho. A vantagem é toda do leitor ou do ouvinte. Aliás, para quem escrevemos ou falamos?

Estratégia essencial para alcançar a concisão é listar as questões fundamentais a serem abordadas, aquelas que não podem faltar. Um convite, por exemplo, em que falte nome, local, data ou hora do evento não atingirá seus objetivos. O mesmo se aplica a qualquer peça jurídica: há questões que não podem ser omitidas, sob pena de comprometê-la por inteiro.

Na linguagem jurídica moderna, o ideal da concisão demorou a chegar, mas já se está impondo. A insistência no uso de argumentos similares e a repetição de jurisprudências iguais, antes entendidas como estratégias de convencimento, parecem estar sendo substituídas por argumentos mais concisos e, por isso, mais convincentes. Em outras palavras, na prática, os processos tendem a ser desinchados, mas nem por isso menos consistentes.

Precisão

A precisão é uma qualidade essencial em qualquer bom texto, em especial nos técnicos, científicos, administrativos e, mais ainda, nos argumentativos, como é o caso da linguagem jurídica.

Todo operador do Direito que escreve no seu dia a dia por certo já passou pela aflitiva situação em que precisa utilizar determinada palavra, que ele sabe que existe e que tem que ser aquela, e não qualquer outra; ela está na *ponta da língua*, mas sumiu do painel mental. Como resultado, o autor se desespera, solta palavrões, blasfema, e aí mesmo que aquela maldita palavra se vai para longe. Uma dica: acalme-se, deixe um espaço no texto e siga escrevendo; daqui a pouco, como quem não quer nada, mansamente, a palavra se apresenta e você a coloca no espaço reservado. Um alerta: essa situação é mais assídua com a idade, razão por que sou sua frequente vítima.

Esse repetido episódio é prova definitiva da importância da precisão. Qualquer outra palavra que vier a ser usada não significará exatamente o mesmo, ou deixará ambiguidades, enfim não há sinônimo para ela; seu significado é fechado, inconfundível, exato, não deixando qualquer dúvida para o leitor. A preferência recai sempre na palavra concreta ao invés da abstrata, na palavra simples no lugar da complexa, na forma culta, livre de vulgaridades.

Um exemplo recente: outro dia o Presidente do Conselho Federal de Medicina, entrevistado por emissora de rádio, disse que uma resolução do órgão liberava o uso da cloroquina no tratamento da Covid-19, apesar de não recomendá-la. Meia hora depois, a página eletrônica da emissora divulgava a seguinte manchete: "CFM não recomenda cloroquina". Faltou precisão, pois a leitura da manchete leva a entender que o medicamento não foi liberado, quando, na verdade, a resolução liberava o uso, mas deixava a indicação por conta do médico, e não do Conselho.

Outro caso típico: uma expressão muito usada na linguagem jurídica, apesar de em regra ser imprecisa em seu significado, é "sendo que". Exemplo: "O réu mentiu ao dizer que não se encontrava na cidade, sendo que foi visto por diversas testemunhas". A precisão exige que se troque "sendo que" por uma conjunção adversativa, como "contudo".

A falta de precisão também pode ser causada pela inadequada distribuição das palavras na frase, como neste caso: "O réu negou que tivesse confessado a autoria do furto durante o depoimento". Para não afirmar que o furto se deu durante o depoimento, basta inverter a ordem: "Durante o depoimento, o réu negou que tivesse confessado a autoria do furto". Como se pode deduzir, na linguagem se desmente o princípio da matemática segundo o qual a ordem dos fatores não altera o produto na adição e na multiplicação.

Os exemplos permitem concluir que o que importa não é o que se quer dizer, mas sim o que é compreendido. Portanto, é imprescindível que o autor vire seu próprio leitor, colocando-se no lugar deste, para ver se os dois estão a entender a mesma coisa.

Mais uma vez se comprova que é essencial a releitura atenciosa do que se escreveu.

Alguns casos de imprecisão

Como se viu, a precisão é uma das qualidades essenciais da linguagem moderna, em especial em áreas técnicas, científicas e administrativas, em que se inclui o Direito. Como o eficiente uso da língua nesse requisito requer muita atenção, os deslizes são frequentes, razão por que alerto para alguns casos recorrentes.

▶ **Município / Cidade.** Não são sinônimos. Cidade refere apenas o núcleo urbano do Município, que abrange também a área rural. Portanto, o gado é criado no interior do Município, e não da cidade; o Prefeito é do Município, e não apenas da cidade.

▶ **Município / Prefeitura.** Além do conceito geográfico, Município é também o nome oficial que se dá ao ente administrativo, à estrutura administrativa, enquanto prefeitura é referência apenas à sua estrutura física, ao prédio em que está instalada a administração.

▶ **Cargo / Função.** São coisas distintas. Simplificando, pode-se dizer que função ou funções são as atribuições que correspondem ao cargo. De outra parte, alguém pode não ocupar cargo, mas exercer determinadas funções.

▶ **Alcunha / Apelido.** Apelido é um pseudônimo, em geral de características populares, pelo qual alguém se torna conhecido, podendo ser laudatório ou pejorativo, enquanto alcunha é sempre pejorativo, ofensivo, injurioso.

▶ **Seminovos / Usados.** A rigor, seminovo é algo quase novo, não se atribuindo o mesmo significado a algo usado, muito longe de ser novo. O mais interessante se observa na relação vendedor-comprador: no caso de um automóvel, por exemplo, quem o vende diz que é seminovo, enquanto aquele que o compra o chama de usado.

▶ **Cair / Formar-se.** Neve e geada guardam alguma semelhança, mas não são a mesma coisa. A geada não cai, mas se forma; a água que se encontra no solo congela, se transforma em gelo. A neve, sim, cai pronta.

▶ **Adversário / Inimigo.** Em inimigo existe o ingrediente do ódio e o caráter da adversidade permanente, enquanto em adversário a adversidade é eventual e não há – ou não deveria haver – o ingrediente do ódio.

▶ **Inócuo / Inadequado.** Mesmo no meio culto estas palavras são usadas como sinônimas, quando, na verdade, têm sentidos muito diferentes. Enquanto *inócuo* refere alguma coisa sem efeito, *inadequado* expressa algo que gera efeito nocivo. Uma medida pode ser inadequada, ou seja, gerar algum tipo de prejuízo, ou inócua, isto é, não gerar qualquer efeito.

▶ **Saque / Saqueio.** O primeiro deriva de *sacar*. O saque efetuado no caixa eletrônico; o outro deriva de *saquear*, envolvendo o ilícito de se apropriar de bem alheio, como, por exemplo recente e odioso saqueio de recursos públicos destinados à saúde em tempos de pandemia...

▶ **Acusar / Incriminar.** Enquanto o primeiro significa apenas denunciar, o segundo é muito mais, pois tem o sentido de declarar criminoso.

Obscuridade e prolixidade dos textos

Recebi diversas mensagens muito oportunas com respeito às principais qualidades dos textos jurídicos, que entendo sejam clareza, objetividade, precisão e concisão. Outras poderiam ser listadas, mas me parecem ser tão óbvias que as excluo do debate, sem contar que mesmo essas quatro são pré-requisitos umas das outras; em outras palavras, faltando uma delas, faltarão outras; em síntese, a boa linguagem reúne o conjunto dessas qualidades.

Uma das mensagens vem do consagrado jurista Alexandre Pasqualini, que me envaidece também por se declarar meu amigo. O

Dr. Alexandre domina como poucos a arte da escrita, inclusive da escrita criativa. Na sua prática de escrita, ele não se limita ao domínio das qualidades acima referidas, como também as cerca com os recursos da estética literária, tornando seus textos de leitura aprazível, além de elucidativos.

Em relação ao tema em foco, Pasqualini sustenta que "os juristas, de um modo geral, desaprenderam a escrever". Segundo ele, o problema não se limita à falta de clareza, que entende seja sintoma adicional. E enfatiza: "Não sabem escrever. Não têm estilo. Não são organizados." Ressalta, no entanto, que nunca "se deve desprezar a não menos deficiente formação de alguns leitores. Às vezes, por trás da censura de obscuridade, está, antes, a ausência de formação e de leituras básicas do leitor." E arremata com original comparação: "Não faz sentido acusar um chinês de não ser claro quando o público não domina o mandarim".

Aliás, essa ressalva feita pelo Dr. Alexandre harmoniza perfeitamente com as modernas teorias da linguística, que sustentam a tese de que a comunicação só é efetiva quando se estabelece ambiente de cooperação entre as partes envolvidas, no caso entre autor e leitor. Falhando qualquer um deles, falha o conjunto, a comunicação. Aplicando isso ao ambiente da Justiça, cabe questionar se poderá haver justiça.

Outra mensagem relativa ao tema vem de um advogado gaúcho que pede para ficar no anonimato. Ele faz alusão ao Desembargador do TRT da 8.ª Região (Pará) José Maria Quadros de Alencar, "timoneiro do Blog do Alencar, um dos melhores de Belém, sobretudo para quem atua na área do Direito". Sustenta nosso leitor que "os magistrados poderiam produzir muito mais se recebessem petições mais simples, mais objetivas, desprovidas de rodeios verbais que apenas ocupam espaço e pouco dizem".

O leitor recomenda, em especial, a leitura de um texto postado pelo Dr. Alencar sob o título *Verborragia*. Destacando que está em curso uma campanha contra sentenças prolixas e herméticas, liderada pela Associação dos Magistrados do Brasil (AMB), o Desembargador José Maria Quadros de Alencar reivindica a realização de "uma campanha da boa contra petições prolixas e herméticas". Destaco alguns trechos do texto:

> Ao longo dos quinze anos em que estou deste lado do balcão tem sido notável o crescimento de muitas petições, o que obriga juízes e advogados da parte contrária a uma penosa navegação entre escolhos quando examinam os processos. Como alguns advogados cobram por folha escrita e alguns têm sua produtividade medida pela quantidade de laudas que digitam, a tendência é as petições ficarem cada vez mais rabilongas, como os orçamentos nos tempos de Ruy Barbosa.
>
> Tenho notado que cada vez mais essas petições extensas, prolixas, verborrágicas e herméticas prejudicam a – perdoem-me o juridiquês – prestação jurisdicional. Não são raros os casos em que advogados de empresas dão uma canseira danada ao juiz com um extenso rol de questões preliminares – que nos bons e risonhos tempos iniciais da Justiça do Trabalho raramente eram suscitadas –, exaurindo a energia dos pobres coitados nessa insana tarefa de construir argumentos para rejeitá-las (raramente elas são acolhidas).
>
> O resultado, sejamos claros, é que a canseira termina prejudicando o exame do mérito do processo, que é o que de fato – e de direito – interessa às partes. Cansado pelas questões preliminares, quando o juiz finalmente consegue chegar ao mérito, *aos finalmentes*, não raras vezes erra. E não raras vezes o erro é induzido por essas petições logorreicas. Nesses casos a solução óbvia é recorrer e mostrar o erro cometido, erro que teria sido evitado se as petições fossem concisas, precisas e coerentes.

Em defesa de linguagem simples, direta e objetiva

O juiz federal substituto Charles Jacob Giacomini, do Tribunal Regional Federal da 4.ª Região (TRF4), publicou recentemente, na seção Direito Hoje da *Revista da Emagis* – Escola da Magistratura, o artigo "Uma nova ética para a linguagem jurídica". Segundo o magistrado, "a linguagem jurídica tradicional parece não corresponder às necessidades da sociedade moderna, caracterizada pela ampliação do acesso à justiça e pelo grande avanço dos meios de comunicação".

Ainda segundo o autor do artigo, "a escrita excessivamente formal, carregada de expressões técnicas e burocráticas, afasta a população do debate jurídico e contraria a expectativa social de compreensão das decisões judiciais, prejudicando o desenvolvimento da cidadania".

Com base nesses argumentos, Giacomini sustenta que "o emprego de linguagem simples, direta e compreensível torna-se um dever ético para os juízes e os demais operadores do Direito".

Está de parabéns o autor do artigo, assim como a Emagis pela oportuna iniciativa. Escreva Direito também entende que a linguagem moderna precisa ser aberta para o rápido e claro entendimento de todos os leitores, e não apenas das partes diretamente ligadas ao fazer jurídico, que deixou de ser enclausurado para se abrir ao mundo.

Escreva Direito, escreva menos, escreva melhor

Segue uma frase composta por 134 palavras. Trata-se da transcrição fiel de uma decisão do TST que nosso editor, Marco Antonio Birnfeld, publicou no *Espaço Vital* e que reproduzo novamente com o objetivo de testar a capacidade de interpretação dos leitores. O Dr. Marco Antonio, jurista preparado, inteligente e perspicaz, me disse que só entendeu a *frasona* após a quinta leitura, e que ainda assim "não teve sucesso total".

Experimente o leitor entendê-la e, após conseguir, escrevê-la de uma forma mais clara, de leitura rápida e de fácil entendimento. Isso se consegue desdobrando a *grandona* em várias frases menores. Assim, o ocupado e, por isso, apressado leitor poderá entendê-la após apenas uma simples leitura.

Nas lides decorrentes da relação de emprego, os honorários advocatícios, com relação às ações ajuizadas no período anterior ao início de vigência da Lei 13.467/2017, somente são cabíveis na hipótese prevista no artigo 14 da Lei 5.584/1970 e na Súmula 219, item I, do TST, tendo por destinatário o sindicato assistente, conforme disposto no artigo 16 do referido diploma legal, até então vigente (revogado expressamente pela Lei 13.725/2018) e no caso de assistência judiciária prestada pela Defensoria Pública da União ao beneficiário da Justiça gratuita, consoante os artigos 17 da Lei 5.584/1970 e 14 da Lei Complementar 80/94, revelando-se incabível a condenação da parte vencida ao pagamento dessa verba honorária, seja pela mera sucumbência, seja a título de indenização por perdas e danos, seja pela simples circunstância de a parte ser beneficiária da justiça gratuita.

Os inconvenientes das *frasonas*

O espírito da época que vivemos e a pressa que nos move impõem um ritmo de vida cada vez mais acelerado e a consequente sensação de limite de tempo para tudo. Por essa razão, os textos precisam ser cada vez mais concisos e claros ao primeiro olhar. Os bons textos precisam ser rápidos e não podem exigir segunda leitura.

Para alcançar esse intento, recomendam-se frases curtas e de preferência na ordem direta. As peças jurídicas, apesar de lidarem com argumentos muitas vezes complexos, exigindo frases mais longas, precisam estar atentas a esse ideal. É frequente encontrarmos frases excessivamente longas. Como mais um exemplo de afastamento dessa recomendação, extraiu-se uma de um acórdão da 6.ª Turma do Superior Tribunal de Justiça (STJ).

Conforme matéria veiculada em edição do *Espaço Vital*, por unanimidade, o STJ aplicou entendimento de que não podem ser usadas como provas as mensagens obtidas por meio do *print screen* da tela da ferramenta WhatsApp Web.

Não cabe ao Escreva Direito entrar no mérito da decisão, mas o que chamou a atenção foi a extensão de uma frase encontrada entre os trechos que fundamentam a decisão expressa no acórdão. Ela é formada por 94 vocábulos. Acompanhe:

> (...) 8. O fato de eventual exclusão de mensagens enviadas (na modalidade "apagar para mim") ou recebidas (em qualquer caso) não deixar absolutamente nenhum vestígio nem para o usuário nem para o destinatário, e o fato de tais mensagens excluídas em razão da criptografia *end-to-end* não ficarem armazenadas em nenhum servidor, constituem fundamentos suficientes para a conclusão de que a admissão de tal meio de obtenção de prova implicaria indevida presunção absoluta da legitimidade dos atos dos investigadores, dado que exigir contraposição idônea por parte do investigado seria o equivalente a demandar-lhe produção de prova diabólica.

Para evitar frases tão longas e dificultar a assimilação por parte do leitor, há diversos recursos. Deve-se começar pela eliminação dos excessos e das inutilidades, seguindo-se a busca de formas mais concisas. Por último, a solução mais fácil, mas nem sempre possível, consiste no desmembramento de uma frase em duas ou mais. O que não se pode perder de vista nunca é a rapidez de assimilação por parte do leitor, único objetivo do que se escreve.

Rudolf Flesch, um dos mais famosos teóricos dos testes de legibilidade, desenvolveu um método segundo o qual quanto mais vocábulos houver na frase, maior será a dificuldade para o leitor. Seu estudo resultou numa tabela que informa o grau de dificuldade para o entendimento rápido de frases de acordo com o seu número de vocábulos:

Vocábulos por frase	Nível de dificuldade
Acima de 30	Muito difícil
De 25 a 29	Difícil
De 17 a 24	Padrão
De 13 a 16	Fácil
12 ou menos	Muito fácil

Sobre esse tema, recomendo a leitura do livro *Português para Convencer: Comunicação e Persuasão em Direito,* de Cláudio Moreno e Túlio Martins (Editora Ática, 2006), em especial o capítulo 6: "A qualidade do bom texto", p.77-115.

É preciso deixar claro que não há fórmulas definitivas que delimitam limites de extensão das frases. Também é necessário enfatizar que o texto jurídico, por ser de natureza argumentativa e se apoiar em princípios legais e em jurisprudência, tende a ser constituído por frases mais longas. No entanto, quem escreve tem que contemplar sempre o destinatário de seu texto, que, em qualquer hipótese, é o leitor.

Nova *frasona* e nova prolixidade

Por sugestão de dois advogados que preferem não ser identificados, motivados pela leitura de um Escreva Direito que reproduziu uma frase composta por 79 palavras, acabaram descobrindo uma minimamente menor, composta por *apenas* 78 palavras. Esta:

> Trata-se de expediente instaurado para a elaboração de novo Regulamento que contemple a reestruturação organizacional administrativa das unidades integrantes dos Serviços Auxiliares do Tribunal de Justiça, com o objetivo de edição de novo Ato Regimental em substituição ao Ato Regimental anterior, o qual aprovou o "Regulamento que dispõe sobre a organização e funcionamento das unidades integrantes dos Serviços Auxiliares do Tribunal de Justiça do Estado e dá outras providências" que, com as modificações posteriores, atualmente disciplina a matéria.

Os dois advogados aproveitaram para enviar oportuno exemplo de prolixidade em frase proferida por juiz: "Por fim, é de se atentar, na fase em que o processo encontra-se, quer seja de conhecimento, quer seja de execução, que o pronunciamento jurisdicional é terminativo ou interlocutório, para eleger o recurso adequado, segundo a técnica processual". Acresça-se erro relativo à colocação do pronome oblíquo na primeira frase, em que o pronome *se* é atraído pelo pronome relativo *que*. Deveria ser assim: "na fase em que o processo se encontra".

Um / Uma

As palavras *um* e *uma* podem desempenhar as funções de numeral e de artigo indefinido. É exatamente aí que reina o perigo de gerar ambiguidades. Exemplo: Entidade tem um novo presidente. Este *um* é numeral ou artigo? Se for entendido como numeral, é porque se pode estar informando que a entidade também tem velho(s) presidente(s), ou seja, tem mais de um. Entendendo-se como artigo indefinido, o sentido é de indefinição, ou seja, não se define quem é o presidente.

Truque para não cair nessa ambiguidade: experimente retirar o *um*: Entidade tem novo presidente. Fez falta? Nenhuma. Então basta tirar. Aliás, adotei como norma: se determinada palavra me incomoda, experimento retirá-la. Em regra, retiro, e elimino o incômodo.

Verifique outros exemplos em que a simples retirada de *um / uma* não causa qualquer dano à frase; pelo contrário, atribui-lhe maior vigor (e não um maior vigor...):

> Isso gerava nele um medo de brincar. /
> Isso gerava nele medo de brincar.
>
> O jurista é um entusiasta da medida. /
> O jurista é entusiasta da medida.
>
> O jovem advogado desempenhava um papel importante. /
> O jovem advogado desempenhava papel importante.
>
> O magistrado tinha um especial talento para a função. /
> O magistrado tinha especial talento para a função.

Todos e todas

O Dr. Rogério Teixeira Brodbeck, destacado advogado de Pelotas (RS), pede para esclarecer se é adequado o uso de "todos e todas", "companheiros e companheiras", "advogados e advogadas".

Cada vez mais pessoas, mesmo entre as cultas, estão confundindo gênero gramatical com sexo, que são coisas totalmente diferentes. Diz o artigo 7.º da nossa Constituição Federal que "todos são iguais perante a lei". Será que os constituintes tiveram a intenção de excluir as mulheres, discriminando-as odiosamente? Os fiéis usuários (e as usuárias...) das expressões trazidas como exemplos pelo Dr. Brodbeck, para serem coerentes, terão que dizer, com sangue nos olhos, que sim, que nossa Lei Maior as excluiu e que os nossos legisladores nada conheciam de gramática, que teriam que voltar ao Ensino Fundamental, entre outras acusações, porque, obviamente, teriam que ter dito: "todos e todas são iguais perante a lei".

Para não incorrer em igual injustiça, também terão que advogar a mudança na denominação de milhares de entidades, como: Ordem dos Advogados (e das Advogadas) do Brasil, Câmara dos Deputados (e das Deputadas) e Câmara de Vereadores (e Vereadoras).

Teriam razão se gênero gramatical e sexo significassem o mesmo. Sexos, existem dois: o feminino e o masculino, enquanto, no que diz respeito à língua portuguesa, também são dois os gêneros, mas com uma diferença substancial: o único gênero gramatical marcado é o feminino; o outro, que chamamos de masculino, assume a forma abrangente, agenérica (poderíamos dizer neutra) quando se quer englobar os dois gêneros. Daí por que *todos* inclui homens e mulheres, assim como *homem*, na sua acepção abrangente, designa o gênero humano, portanto homens e mulheres.

Os adeptos da chamada "linguagem inclusiva", ao defenderem essas maçantes e por isso cansativas formas repetitivas, estão andando celeremente para trás, atravancando (para lembrar o poeta Mario Quintana) o andar da boa comunicação, que se exige objetiva, rápida. A maior prova está no fracasso da Lei n.º 14.484, de 30 de janeiro de 2014, que obriga o servidor público do Estado do Rio Grande do Sul a usar essa forma retrógrada de linguagem. Não conheço sequer um órgão público que cumpra essa lei. Para deixar de ser mais uma "lei que não deu certo", e nunca dará, sugiro que a OAB gaúcha tome a iniciativa de fazer revogá-la o mais rápido possível, para assim livrar nossos valorosos servidores de a estarem descumprindo.

Quando o uso vira abuso

Há palavras e expressões que caíram no gosto de usuários de todos os níveis. Em regra, isso começa na linguagem oral, mas com o tempo se estende à escrita. Seu uso abusivo transforma-as em cacoetes, tornando a linguagem maçante, cansativa e, por isso, sem vigor. Pior ainda quando se desvirtua seu significado. Vejamos alguns casos.

▶ **Ou seja:** expressão que corresponde a "isto é", mas que praticamente tomou o lugar desta, talvez por parecer mais rebuscada. Seu uso se difundiu em todos os meios, de modo especial na linguagem jurídica, em que é usada em profusão nos mais variados textos, da petição à sentença, da doutrina à jurisprudência. Na maior parte das vezes, afirma-se após essa expressão o que já foi dito antes, constituindo-se em mera obviedade.

A pior situação é aquela em que o leitor espera o detalhamento ou uma explicação sobre o que antecedeu a expressão, e o que vem nada tem a ver com o que já se afirmou, ou seja, faz-se um desvio no discurso. Exemplo: "O caso estava *sub judice*, ou seja, o réu sofrera condenação anterior". Enfim, está-se a usar a expressão de forma abusiva e sem atenção ao seu real significado. Vira uma espécie de *tranca-disco*.

▶ **Música clássica:** a rigor, música clássica é aquela composta no tempo dos clássicos gregos e latinos. No entanto, mesmo em meios cultos, a expressão é usada para se referir à música erudita, cujo significado se estende à música de igual gênero produzida em qualquer época, inclusive àquela do tempo dos antigos.

▶ **Digamos assim:** é outra expressão que virou cacoete. Quando alguém não consegue expressar seu pensamento, lança mão dela.

Fazer isso uma ou, no máximo, duas vezes numa fala de cinco minutos é compreensível, mas muitas vezes nos deparamos com oradores que a usam a todo momento, servindo de amparo para sua insegurança e deixando na plateia a impressão de desconhecimento do tema. Lembre-se ainda que há sinônimos: como se diria, como se poderia dizer, entre outros.

▶ Região: esta é mais encontradiça entre os que fazem a previsão do tempo, em que o local onde se encontram é definido como região, mesmo que seja uma sala, na frente do computador. Poderiam usar outras palavras: zona, bairro, município, cidade, litoral, parque, aqui, etc., mas a que está na moda é *região*. Então, é região para todos os lados, cansando o ouvido e a paciência.

Os calafrios de um leitor

O advogado Antonio Silvestri envia simpática e inteligente mensagem em que confessa ter sentido uns calafrios ao ler recente Escreva Direito que abordou a questão do uso equivocado da expressão *ou seja*, dizendo não duvidar de que ele seja um dos maus usuários.

Confessou também que costuma seguir uma orientação que venho propondo com certa intensidade de evitar as frases excessivamente longas, o que o remeteu a uma manchete de uma antiga edição do *Jornal do Comércio*, segundo ele mais ou menos assim: "Como falar bonito, não dizer nada e que ninguém entenda". Lembra Silvestri que logo a seguir a matéria apresentava uma lista de algumas dezenas de vocábulos, em quatro colunas, dizendo que todas elas poderiam ser usadas sem qualquer critério de sequência.

Conclui ele que muitos escrevem mal por ignorância e outros o fazem para ludibriar, manipular, trapacear, etc. Como exemplo possível, Silvestri elaborou um discurso, provavelmente de um político em campanha eleitoral, que "certamente seria aplaudido":

A globalização totalizada pela integralização estruturada numa harmoniosa proporcionalidade horizontal não irá titubear perante o enrodilhar dos enroscos por onde desfilam meus adversários, que perambulam pelas ribanceiras engenhosas de um fumaçar fecundado por artifícios ardilosos e trepidam pelos corroídos e carunchosos caminhos traçados nos covis carcomidos por obras mal acabadas nos desfiladeiros da desonestidade que corrompe, propiciando a estupefação geral dos que se alicerçam na esperança, escudam-se no equilíbrio e se abraçam ao bombardear dos sadios e honrosos ideais que nos conduzirão ao bem-estar da coletividade tão sofrida e que tanto de nós espera.

A monumental perplexidade que a contemporaneidade calcada na tecnologia avançada nos impõe não é obra do acaso, senão que fétida carniça parida das entranhas diabólicas de agourentos corvos humanos que nada fazem em prol da nossa sociedade, a não ser fulminar possíveis vítimas com seus olhares macabros de peixe morto...

Destaca Silvestri que o discurso é pra lá de erudito na ótica dos que só prestam atenção na imagem e na desenvoltura do orador, e por isso o aplaudem. "É zero em termos de conteúdo, mas o povo gosta – e como gosta! –, lembrando a exata técnica de que se valeu a raposa na fábula *O Corvo e a Raposa*, de La Fontaine."

O desgaste de palavras e expressões

As palavras e as expressões também sofrem desgaste, principalmente quando seu uso se dá de forma a diminuir-lhes o significado. Entre muitos outros exemplos, apresento:

▶ **Obra-prima:** É comum ouvirmos pessoas eruditas dizerem que o autor está lançando mais uma obra-prima, que o pintor está expondo todas as suas obras-primas, que o jurista acaba de publicar outra obra-prima de muito saber jurídico, e por aí vamos.

Na verdade, obra-prima é a obra principal do artista, escritor, músico ou jurista; portanto, apenas uma das obras do autor pode ser chamada de obra-prima, por mais importantes que as outras possam ser. Pode-se concluir também que, a rigor, para definir a obra-prima de alguém é preciso esperar a sua morte, pois a qualquer momento poderá produzir obra ainda melhor. Portanto, trata-se de uma classificação transitória, ou seja, era a obra-prima até surgir uma ainda melhor.

Concluindo, como vem sendo usada, a expressão *obra-prima* sofreu lamentável esvaziamento de significado.

▶ Urgente urgentíssimo: Mais lamentável ainda é o esvaziamento de sentido sofrido por esta expressão, em especial nos Legislativos brasileiros. Como nos parlamentos a palavra *urgente* não surtia mais o efeito esperado, ou seja, significava que a matéria não tinha qualquer urgência, passou-se a adotar *urgente urgentíssimo*, que, pelo visto, também perdeu a urgência. E agora, José?

A linguagem do futebol

Advogado ilustre, leitor assíduo do *Espaço Vital*, que prefere não ser identificado (portanto, o assunto correrá em segredo de justiça...), envia mensagem em que faz alusão a certos termos utilizados entre profissionais de comunicação ocupados com o futebol. Transcrevo a parte que pode interessar ao leitor:

> Ouço profissionais de rádio e TV criticarem colegas por falarem que a bola **picou**. O certo, para eles, seria que a bola **quicou**. Por um lado, concordo com eles. Mas, por outro, tenho lá minhas dúvidas. Com efeito, se ela não pode picar, por que pode ser **matada** no peito? Acaso ela é um ser vivo que pode ser morto? Por que ela pode **explodir** no travessão? Não explode coisa nenhuma; apenas bate nele. Por que ela pode **espirrar** numa dividida entre dois adversários? Acaso ela estaria gripada? A meu ver, parece-me que, dada a absoluta informalidade com que o futebol é tratado, **o picar** da bola poderia ser aceito do mesmo modo que se aceita seu **espirrar** e sua **morte** no peito de um atleta. Tenho a impressão de que exigir a

observância irrestrita do vernáculo num campo em que a informalidade reina absoluta é excesso que se pode (e se deveria) dispensar. Será que estou errado?

É claro que dou razão ao bem-humorado leitor. A linguagem do futebol, justamente por ocorrer em ambiente de absoluta informalidade (esportividade, poder-se-ia dizer...), talvez seja aquela mais livre das amarras gramaticais. Assim como existe liberdade poética, também há licenciosidade futebolística. Uma das figuras de linguagem mais utilizadas nesse meio é a hipérbole, que se caracteriza pelo exagero na informação, com o objetivo de provocar emoção no ouvinte.

À lista apresentada pelo leitor outras poderiam ser agregadas. Muitas vezes a bola passa a um metro da trave, mas o locutor diz que *raspou*. Quando de um chapeuzinho, o locutor diz que a bola *penteou* o cabelo do adversário.

No outro extremo está a linguagem jurídica, que, por ocorrer em ambiente de absoluta (às vezes excessiva) formalidade, mantém rigoroso controle no emprego castiço do vernáculo.

O jeito de escrever nos meios eletrônicos

Com o advento da Internet, surgiu o que se chama de internetês, que se pode definir como a escrita que imita a fala. Por ser uma tentativa de imitação da fala, essa forma de escrita assume algumas características muito próprias. Destacam-se apenas algumas:

▸ **Rapidez.** Não se consegue imprimir na escrita a mesma velocidade da fala, razão por que se eliminou tudo o que pode emperrar a produtividade da digitação: abrevia-se quase tudo (exemplos: *Atenciosamente* virou *Att.*, *você* virou *vc.*, *que* virou *q.*, e assim por diante), acentos e diacríticos foram eliminados, assim como os elementos de ligação (preposições) e a questão das iniciais maiúsculas (ou se escreve tudo em minúsculas ou tudo em maiúsculas), entre outras medidas espontaneamente implementadas.

▸ **Gíria.** Assim como na linguagem oral coloquial, usa-se muita gíria (cada tribo tem a sua).

▸ **Falta de precisão e clareza.** Ao converter a fala para a escrita não se conta com as manifestações corporais (gestos, sorrisos, caretas e outros movimentos); isso, somado ao fator pressa, faz com que o internetês perca em precisão e clareza, suscitando muitos entraves na comunicação.

▸ **Superficialidade.** Deduz-se do exposto que essa forma de comunicação prima pela superficialidade.

É fácil concluir que o ambiente do fazer jurídico está em extremo oposto, de formalidade, de profundidade no pensamento, de argumentação, portanto muito distante do internetês, que é legítimo apenas nas comunicações em ambientes pessoais, familiares e sociais.

Mas, e os processos judiciais eletrônicos, o que têm de diferente em relação aos tradicionais processos em papel? Mudou apenas o suporte, que passou do papel para a tela do computador. A forma de escrever em nada se modificou; nada tem a ver com o internetês. Aliás, se este é uma tentativa de imitação da fala coloquial, a escrita jurídica seria a imitação da sustentação oral feita nos tribunais, que nada tem de semelhante com a fala coloquial.

Concluindo, mais uma vez é preciso discernimento.

Meu (*muy*) amigo computador

A advogada Regina Moraes Regius, sempre zelosa no correto e eficiente uso do idioma em todas as suas atividades, diz-se inconformada com o seu computador, por este se "antecipar ao seu conhecimento", eliminando o acento que ela digita em formas verbais acompanhadas de pronome oblíquo, como "fixá-lo", "compreendê-lo", entre outras. Digita-se o acento, mas o computador o retira, sendo necessário voltar lá para inseri-lo novamente. Dá mesmo vontade de lhe aplicar uma boa chinelada, o que, claro, não resolveria.

Dra. Regina, console-se, pois muitas vezes também fui – e continuo sendo – vítima desse problema, que é uma deficiência do Word. As primeiras vezes que me aconteceu sem eu perceber, na condição de professor de Língua Portuguesa, tive o conceito severamente rebaixado, o que provocou minha áspera reação: Quem é ele para meter seu bedelho? Se pudesse, eu o teria processado cobrando-lhe danos morais. Na relação com o computador, aprendi com essa e outras limitações que é importante colocá-lo (olha aí outro perigoso exemplo) em seu modesto lugar: um instrumento a meu serviço, que, portanto, não tem o direito de se "antecipar ao meu conhecimento".

No entanto, é importante manter relação produtiva e harmoniosa com ele. Para isso, é preciso saber que a inteligência dele nos campos da matemática e da lógica formal é ilimitada (é preciso reconhecer...), mas sua inteligência intuitiva é nula; esta é exclusiva do ser humano. Algumas normas gramaticais são subjetivas, dependentes da inteligência intuitiva, não podendo ser interpretadas e aplicadas pela inteligência artificial do computador. É exatamente aí que ele, por falta de humildade e de reconhecimento de suas limitações, invade minha seara e faz esse tipo de intervenção que não lhe cabe.

Enfim, Dra. Regina, até com o computador é preciso ser compreensivo. Portanto, em nome da paz nessa relação e da eficiência dos nossos textos, é preciso perdoar-lhe esses abusos. O que é de se esperar é que os programadores fiquem atentos e resolvam esse tipo de problema nas relações usuário-computador, mas será que não falta humildade também para eles?

Pleonasmos e paradoxos

Desconhecendo que a palavra *plebiscito* já carrega o significado de povo e, por consequência, de popular, um deputado estadual gaúcho, ao discursar em defesa da necessidade de plebiscito para privatizar empresas públicas, usou a expressão *plebiscito popular*, velha e surrada redundância que eu, na minha inocência, julgava definitivamente expurgada da nossa língua. Deputado, diga simplesmente *plebiscito*, nada acrescentando. Contrariamente do que pode estar pensando, seu argumento adquirirá mais vigor e credibilidade.

Uma conversa com o Desembargador Irineu Mariani, do TJRS, sobre esse episódio, nos trouxe à lembrança uma desgastada redundância (*breve síntese*) presente na linguagem jurídica e acabou me conduzindo a um parente próximo, o paradoxo (*breve resenha*), tão inconveniente quanto o vício anterior.

▶ **Breve síntese:** não existe síntese que não seja breve, portanto basta dizer que se fará uma síntese. É certo que há situações em que o emprego desse pleonasmo denuncia ato falho, em função de que no inconsciente do autor há a informação de que ele se estenderá em detalhes, quando deixa de ser síntese. Para inovar, alguns profissionais do Direito estão utilizando expressões similares, igualmente portadoras do vício da redundância, como *síntese apertada, síntese exprimida, síntese ajustada,* entre outras.

Essas formas estão todas na mesma linha da bem votada expressão *pequeno detalhe*, como se houvesse *grande detalhe*. Para justificar, há quem diga que até Roberto Carlos usou "detalhes tão pequenos de nós dois". É preciso lembrar que em textos literários é comum os pleonasmos viciosos virarem pleonasmos virtuosos, como é o caso da letra da referida canção, em que se está a usar o recurso da liberdade poética, sem contar que, ao inserir *tão*, seu autor introduziu elemento que altera a dimensão do detalhe.

▶ **Breve resenha:** parecida, mas não igual à anterior, esta expressão é frequentemente empregada com o sentido de resumo, de síntese, quando seu real sentido é de descrição detalhada, com pormenores, opondo-se, portanto, ao significado de breve. Isso caracteriza o que se chama de paradoxo, que em linguagem técnica é tão nocivo quanto o pleonasmo.

Também aqui é preciso que se diga existirem paradoxos virtuosos, os chamados oximoros ou paradoxismos, em que, intencionalmente, se combinam palavras de sentido oposto, mas que no contexto reforçam o significado pretendido: a *voz do silêncio, obscura claridade, música silenciosa*. Ou algum leitor nunca *chorou de tanto rir*?

Como se distingue o pleonasmo/paradoxo vicioso do virtuoso? Para que se tornem virtuosos, tanto o pleonasmo quanto o paradoxo têm que resultar em reforço no significado, reforço este compartilhado entre autor e leitor. Se o leitor não perceber essa intenção no autor, não será mais figura de linguagem para se tornar vício. Portanto, trata-se de questão inteiramente contextual e de limites extremamente tênues.

Um exemplo recorrente: "Vi com meus próprios olhos". Facilmente se reconhece a presença de redundância nessa frase. Mas se uma testemunha, em resposta a uma pergunta que lhe for feita numa audiência, se expressar assim, sua afirmação ganhará em veemência, significando reforço no significado; deixa de ser vício de linguagem para se transformar em virtude.

O mal das redundâncias

As redundâncias se opõem às exigências de objetividade e concisão dos textos atuais, uma imposição do moderno ritmo de vida, que exige pressa em tudo o que se faz, pois não há tempo a perder. Apesar disso, nunca como hoje se viram tantas redundâncias nas comunicações.

Começo apresentando alguns casos recentes:

- "O Ministro decidiu que o condenado vai cumprir prisão domiciliar em casa": onde se poderia dar a prisão domiciliar senão em casa? Esta casa pode ser o domicílio provisório, como foi o caso dos irmãos Assis, retidos no Paraguai.
- "A pandemia está presente no mundo inteiro": não seria pandemia se não tivesse alcançado os cinco continentes; a OMS

só a declarou assim após ela atingir todo o mundo; aliás, a formação da palavra denuncia isso (*pan*: totalidade; *demos*: povo = totalidade dos povos).
- "O presidente afirmou dizendo não concordar": quem afirma está dizendo, razão por que é preciso escolher um dos dois verbos.
- "Há diversas temperaturas negativas abaixo de zero no Estado": só se consideram negativas as temperaturas abaixo de zero; acima de zero, todas são positivas.

Seguem-se redundâncias antigas, quase consagradas:

- "Elo de ligação": não se conhece elo que não seja de ligação; portanto, basta dizer "elo".
- "Pronto atendimento rápido": os estabelecimentos de saúde de emergência que garantem ser tão rápidos deveriam levar em conta não existir a possibilidade de atendimento mais rápido que o pronto, ou seja, instantâneo.
- "A viúva do falecido": se é viúva, só pode ser do falecido.
- "É um caco feio": ser caco ou ser feio dá na mesma, pois as duas palavras têm igual sentido (*caco*, no grego, significa feio).
- "Loção de barba para homens": por não existir loção de barba para mulheres, basta informar que se trata de loção de barba, o que é ignorado em diversos rótulos do produto, que denunciam a existência de similar para elas.
- "A caligrafia está correta": o radical grego *cali* carrega o significado de qualidade, de correção; deve-se, portanto, informar que a grafia está correta.

A lista das redundâncias, também conhecidas como pleonasmos, é imensa e, pior, está em crescimento, na contramão das exigências dos textos modernos. Uma advertência: só está livre das redundâncias aquele que não escreve nem fala. Qual a principal razão para a tão alta frequência desse vício de linguagem? Entendo que o motivo principal está na falta de atenção ao significado das palavras.

Quem escreve precisa estar sempre atento ao significado que está embutido nas palavras e nas relações que se estabelecem entre elas. Aliás, a razão de ser de tudo o que se escreve é o significado. Por isso recomendo que, após a elaboração do texto, seu autor o releia com atenção redobrada ao sentido do que pretendia dizer.

> **Importante:** Relembre-se que nem tudo o que é redundante é vicioso; levando-se em conta o contexto, o pleonasmo pode ser virtuoso, como em "Sonho os meus sonhos", ou quando usado intencionalmente como elemento de reforço.

Cacofonias

A palavra *cacofonia* deriva do grego (*caco*: feio + *foné*: som), significando literalmente "som feio". Esse som feio pode ser de variada ordem:

- Por repetir sílabas iguais ou semelhantes em sequência: **uma mão**, o la**tim tinha**, Pache**co co**ncorre.
- Por suscitar significado estranho, desviando a atenção do leitor: na **vez passada**, **por co**incidência, **cá co**migo, **só que** isso não vale, **já nela** não houve maiores prejuízos.
- Por resultar em palavra grosseira, chula ou de mau gosto (são as piores): confis**ca gado**, vou-**me já**, atingido **por ra**diação, digo-**te tudo**, **por ra**zões desconhecidas, deputado criti**ca go**vernador, é necessário que o governo nun**ca gaste** mais do que arrecada, o triun**fo da** grande tenista, mar**ca gol** em todos os jogos, úni**ca ga**rantia.

Não é fácil evitar as cacofonias. Nem mesmo Camões pôde evitá-la em seu famoso verso "Alma minha gentil que te partiste", acabando por fazer lembrar um conhecido corte de carne própria para churrasco, a nossa *maminha*. Menos mal que pela fonologia lusa, a cacofonia quase que se desfaz, sem contar que esse corte de carne deve ter outro nome em Portugal. Nosso grande Machado de Assis também foi vítima na frase: "Disse-mo ela mesma" (retirada de *Memórias Póstumas de Brás Cubas*), fazendo lembrar a conhecida moela de galinha.

O Hino Nacional brasileiro igualmente é contemplado com cacofonia: em "heroico o brado", que na leitura vira "herói cobrado".

O gênero literário mais sensível às cacofonias é a poesia, justamente por ser destinada à leitura oral, à declamação, ocasião em que elas mais se manifestam. Por isso mesmo, aí vai uma dica: após concluir a elaboração de seus textos, leia em voz alta (ou faça de conta) e fique atento aos maus sons.

Uma recomendação: não faça das cacofonias seu cavalo de batalhas, pois a mente humana é capaz de vê-las nas mais inocentes frases.

Apenas para exemplificar, segue minha lista das cinco mais:

1. É um processo **por cada** magistrado. A solução desta cacofonia se alcança em regra com a simples eliminação de *cada*: É um processo por magistrado. Ficou até melhor.
2. A boa músi**ca ga**úcha. Há mais de uma solução: inserir outra palavra – a boa música regional gaúcha, ou trocar *gaúcha* por *rio-grandense* – a boa música rio-grandense. Que não se invente de trocar por *gaudéria*, porque a emenda será pior que o soneto: a boa músi**ca gau**déria. Esta cacofonia tem muitos parentes próximos: Nun**ca gastes** mais do que recebes. O governo confis**ca gado**. É a úni**ca ga**rantia que o réu pode oferecer.
3. Nos**so hi**no é lindo. É preciso trocar por Hino Nacional, Hino Rio-Grandense, Hino do Município, Hino do Internacional, do Grêmio...
4. **Amo ela.** Para se livrar desta é preciso sair do galinheiro e abandonar a moela, trocando *ela* pelo pronome oblíquo *a*: Amo-a. Exatamente por sempre resultar em cacofonia é que

a gramática proíbe usar o pronome pessoal *ele* e suas derivações (*ela, eles, elas*) na função de objeto direto, devendo ser trocado por *o* e suas derivações (*a, os, as, lo, la, los, las, no, na, nos, nas*). Verifique: Venci ele (correto: Venci-o). Interroguei ela (correto: Interroguei-a). Vou entrevistar ela (correto: Vou entrevistá-la). Para obter mais exemplos de mau uso do pronome oblíquo que resulta em cacofonia, basta ouvir rádio, TV e outras mídias faladas.
5. Palavras assim jamais sairiam da bo**ca dela**. Para resolver, tem que sair *dela*, optando por: *da moça, da advogada, da doutora...* Outro exemplo que já encontrei: Na épo**ca dela** era diferente.

Uma advertência: Não fique procurando cacofonias com muita persistência, pois poderá encontrá-las (e não *encontrar elas*) até mesmo no Código Penal, no Estatuto da Criança e do Adolescente e, quem sabe, na Bíblia Sagrada.

Nosso leitor Dr. José Mario De Boni, de Santa Catarina, fazendo alusão a um Gre-Nal em que ocorreu acirrada briga entre diversos atletas, enviou esta pérola: "A partida terminou **empatada** no placar e **em patada** no campo". Eis aí um caso em que a cacofonia deu certo... É também exemplo de que as regras não são verdades absolutas

5
QUANDO NÃO SE ESCREVE DIREITO

1. Reproduzo frase enviada por advogado que pediu para não ser identificado. A única informação pessoal que autorizou a dar é que seu número de inscrição na OAB é inferior a 20 mil:

Em isagoge, constato que o autor se extendeu em prolegômenos – tudo, aliás, despiciendo.

O excerto é parte de um despacho de um magistrado da Vara de Família de Porto Alegre. Segundo servidor forense que acompanhou o processo, a intenção do juiz teria sido a de criticar a verborragia do advogado contestador de uma ação que discutia bens sonegados em uma partilha de casal que se divorciara.

O erro mais veemente é o da grafia de *extendeu*, com *x*. Certamente, o magistrado confundiu a grafia do verbo com a do substantivo *extensão*, aí, sim, com *x*. Não se acuse a língua portuguesa por essa aparente anomalia, que tem sua origem na língua-mãe, o latim.

Mas o que mais chama atenção é a verborragia do magistrado, pecado de que, paradoxalmente, este acusou o advogado. Sem contar *prolegômenos* e *despiciendo*, foi em *isagoge* que o leitor teve que se munir de fontes avançadas de pesquisa. Entende-se por *isagoge* texto introdutório de quem fala ou escreve, nada mais nada menos que as preliminares. A origem da palavra está no nome da tradução latina de obra do grego Porfírio que, de forma pedagógica, trata das Categorias de Aristóteles.

2. Os vasos sanitários são as portas de entrada dos esgotos cloacais, porque, ao seguirmos uma rede de esgoto no sentido inverso de seu fluxo, veremos que a mesma inicia nos vasos sanitários.

Esta preciosidade consta de laudo pericial da Justiça do Trabalho do Rio Grande do Sul sobre insalubridade e foi transcrita em acórdão do TRT-4.

Além da originalidade e do mau cheiro que cerca o raciocínio, a frase é marcada por erro muito comum até hoje: o uso indevido de *mesmo* na função de pronome pessoal, razão por que se propõe a correção da parte final para: "veremos que ela inicia nos vasos sanitários".

3. Lembro aqui uma frase conhecida de muitos e que se refere a uma sentença de segunda instância. É sucinta, clara e simples, mas de alto risco, pois um sinal de pontuação inverteria o significado. Compare:

Se ele absolveu, eu não condeno.

Se ele absolveu, eu não; condeno.

4. Aí vai uma frase encontrada entre os conhecidos avisos paroquianos:

Para todos os que têm filhos e não sabem,
temos na paróquia uma área especial para crianças.

5. Outro aviso encontrado no mural de uma igreja:

Assunto da catequese de hoje: Jesus caminha sobre as águas;
assunto da catequese de amanhã: Em busca de Jesus.

6. Não há nada mais ecológico do que um homem separado: 27% vão para o leão, 25% para as piranhas, 33% de pensão para a jararaca e sobram 15% para o burro.

Esta frase foi retirada de um recurso de apelação interposto no foro de Sobral (CE). O autor encontrou na ecologia uma forma figurada, original e muito bem-humorada de manifestar sua inconformidade.

7. Se Vossa Excelência continuar a chamar meu cliente de uxoricida, só porque ele matou a esposa, eu me retiro.

Foi a manifestação do advogado de defesa de um réu durante júri popular em Joinville (SC). Contemplando sua intenção de demonstrar o conhecimento da pouco conhecida palavra *uxoricida*, o causídico acabou manifestando a ideia de que matar a esposa não era algo grave. Ou terá sido estratégia de defesa?

Esclareça-se que uxoricida é o nome atribuído àquele que mata sua esposa. A palavra é formada por *uxori* (mulher, esposa) + *cida*; a palavra *uxori* era usada em oposição a *vir* (homem, marido).

8. O mês de novembro finalizará com uma missa cantada por todos os defuntos da paróquia.

Tratava-se de outro aviso aos paroquianos encontrado no mural da igreja. É prova definitiva do poder de significado que o contexto atribui às palavras. Todo o estrago dessa frase foi causado pela minúscula palavra *por*, caso típico de polissemia contextual, pois pode significar *por meio de, através de, em prol, em homenagem*, entre outras acepções. Justamente por não levar em conta essa multiplicidade de sentidos, o autor da frase acabou atribuindo poder de voz aos defuntos. O exemplo mostra, mais uma vez, que escrever não pode ser ato mecânico; exige permanente atenção.

9. Pela originalidade, desta vez o autor da frase, enviada por advogado que prefere não ser identificado, escreveu direito; desafiado para apresentar exemplo que mostrasse a diferença de sentido entre *completo* e *acabado*, o concorrente vencedor assim se expressou:

> Ao casar com a mulher certa, você está completo; ao casar com a mulher errada, você está acabado; e, quando a mulher certa o apanha com a mulher errada, você está acabado por completo.

10. Esta história foi originalmente contada, em sua página no Facebook, pelo jornalista e escritor Sergio Siqueira, gaúcho de Pelotas, mas residente há várias décadas em Brasília, onde a publicou no *site* Direito Global.

Uma vez, em plena sessão do tribunal do júri, o pai do escritor, Juliné da Costa Siqueira, velha *raposa* das lides jurídicas, cansado com as procrastinações legais, disse que a Justiça vinha sendo exercida por uma "pandilha de sevandijas".

O juiz ameaçou cassar-lhe a palavra. O advogado quis saber a razão da ameaça. O magistrado não soube responder.

O Dr. Siqueira então insistiu com a tal "pandilha de sevandijas" tantas vezes quantas foram suficientes para o juiz impedi-lo de usar a expressão.

Quando se retirava do tribunal, conduzido por um amigo, os presentes e a imprensa quiseram saber se "pandilha de sevandijas" era mesmo uma ofensa ou não. O doutor Siqueira foi didático e vitoriosamente irônico:

— Acho que sim, pois quer dizer súcia de exploradores, de aproveitadores que vivem à custa alheia. Mas isso não importa. O que interessa é que o ilustre magistrado não sabia. É um ignorante. Era o que eu queria provar. Escrevam isso aí!...

Observem-se a origem e o significado das duas palavras formadoras da expressão: *pandilha*, do espanhol *pandilla*, corresponde à cumplicidade entre vários indivíduos com o objetivo de enganar alguém; *sevandija*, do espanhol *sabandija*, é nome comum atribuído a todos os vermes e parasitos, advindo daí o sentido figurado da pessoa que vive à custa alheia. Como se observa, a expressão carrega um significado extremamente pejorativo.

11. Numa audiência em Juizado Especial Cível, na comarca de Caxias do Sul (RS), teria ocorrido o seguinte diálogo:

– Doutora juíza, vim desacompanhado de advogado com a convicção de que a senhora é leiga – expressou um corretor de imóveis na abertura de uma audiência de conciliação. A ação tratava de uma possível divisão de comissão por compra e venda de imóvel.

– Não, eu não sou leiga, sou togada – respondeu a magistrada.

– A senhora é leiga, sim – insistiu o cidadão.

Quando a juíza negou novamente, e um certo clima incômodo se instalava, o réu complementou:

– Sim, a senhora é leiga, pois entende de lei...

A magistrada expressou um sorriso amarelo e afirmou irrecorrível:

– A prestação jurisdicional é coisa séria...

Em relação aos idiomas às vezes também é assim: parece, mas não é. Pela semelhança, a palavra *leiga* bem que poderia ter a mesma origem de *lei, legal, legítimo*, ou seja, o substantivo latino *lex, legis*, o que daria razão ao corretor de imóveis. No entanto, assim como a prestação jurisdicional, a etimologia também é coisa séria: *leigo* deriva da palavra latina *laico*, usada originalmente para designar o serviçal dos conventos, aquele que não recebeu ordens sacras, advindo daí outros significados, como desconhecedor, inexperiente, mundano; no Direito, por extensão, também é usado no sentido de não diplomado; juiz leigo é aquele que não foi diplomado dentro dos ritos tradicionais da magistratura.

Portanto, o corretor de imóveis não estava com razão alguma, mas a juíza titubeou, apesar de se ter saído bem, porém pela tangente.

12. Inseticida no rol de testemunhas. Segue o teor de uma original, mas estranha, petição reclamando o indeferimento da oitiva de testemunhas. É originário da comarca de Criciúma (SC):

Discordam do entendimento que cinge importante decisão recorrida em simples decisão interlocutória quando é sabido que a decisão desapontou a lei acenando a antecipação da sentença, no momento em que sucintamente em desrespeito aos atos processuais programáticos põe um pá de inseticida no rol das testemunhas oferecidas nos rigores da lei ao juízo da causa.

Para entender, faz-se necessário recorrer a um processo de adivinhação, sem contar o festival de irregularidades gramaticais, como falta de vírgulas, repetição desnecessária de palavras – para que existem os pronomes? –, isso sem contar uma dúvida que não quer calar: quanto de inseticida conterá **um** pá? Sabe-se que a quantidade de **uma** pá depende do tamanho e da forma dela.

Exercício para os leitores: reescrever a frase dessa petição em linguagem correta, compreensível e descomplicada.

13. Por se tratar de curioso caso de polissemia, trago um fato ocorrido na Comarca de Cedral, no Maranhão, relatado pelo então Juiz Marcelo Elias Matos e Oka, hoje Desembargador.

Natural de Floriano, no Piauí, o referido juiz ingressou na magistratura na Comarca de Cedral, no litoral maranhense. Logo na primeira audiência, uma testemunha disse que trabalhava/morava na fazenda do réu, ao que o juiz indagou se ela seria *caseiro* do réu. A testemunha deu um pulo na cadeira e expressou feições de aborrecimento. Ocorre que no Piauí, como na maioria das regiões brasileiras, caseiro é aquela pessoa que cuida de um sítio ou casa de campo, mas na Baixada Maranhense é o nome que se dá a pessoa que tem um caso, um relacionamento amoroso com outra, geralmente do mesmo sexo.

Como se vê, a polissemia impõe severos cuidados nas comunicações.

14. Mais um aviso encontrado no mural da igreja:

Prezadas senhoras, não esqueçam a próxima venda para beneficência. É uma boa ocasião para se livrar das coisas inúteis que há na sua casa. Tragam seus maridos.

Mas, algum erro no texto? Qual a norma gramatical ferida? Não há qualquer ofensa à gramática, erro algum. O único, mas trágico, problema é que não se levou em conta o contexto, pois os maridos acabaram sendo incluídos entre as coisas inúteis. Isso não está dito, nem estava nas intenções do autor do texto, mas é o que se infere. Esse sentido não está nas palavras, na semântica, mas no contexto, na pragmática. Sempre é bom lembrar: comunicação não é o que se pretende dizer, nem mesmo o que se diz, mas, sim, o que é entendido.

REFERÊNCIAS

ACADEMIA BRASILEIRA DE LETRAS. **Vocabulário ortográfico da língua portuguesa.** São Paulo: Global, 2008.

ANJOS, Margarida dos & FERREIRA, Marina Baird. **Novo Aurélio:** o dicionário da língua portuguesa. 3.ed. Rio de Janeiro: Nova Fronteira, 1999.

BECHARA, Evanildo. **Lições de português pela análise sintática.** 19.ed. Rio de Janeiro: Nova Fronteira / Lucerna, 2014.

BELTRÃO, Odacir. **A pontuação hoje.** Porto Alegre: Sulina, 1976.

BENVENISTE, Émile. **Problemas de linguística geral I.** 4.ed. Campinas (SP): Pontes Editores, 1995.

BENVENISTE, Émile. **Problemas de linguística geral II.** Campinas (SP): Pontes Editores, 1989.

CADORE, Luiz Agostinho & LEDUR, Paulo Flávio. **Análise sintática aplicada.** 6.ed. Porto Alegre: AGE Editora, 2021.

CARLETTI, Amilcare. **Brocardos jurídicos.** São Paulo: Leud, 1979.

CEGALLA, Domingos Paschoal. **Dicionário de dificuldades da língua portuguesa.** Rio de Janeiro / Porto Alegre: Lexikon / L&PM, 2008.

CUNHA, Celso. **Gramática do português contemporâneo.** 2.ed. Rio de Janeiro / Porto Alegre: Lexikon / L&PM, 2008.

FIORIN, José Luiz. **As astúcias da enunciação:** as categorias de pessoa, espaço e tempo. 2.ed. São Paulo: Editora Ática, 2002.

INSTITUTO ANTÔNIO HOUAISS. **Dicionário Houaiss da língua portuguesa.** Rio de Janeiro: Objetiva, 2001.

KASPARY, Adalberto J. **Habeas verba:** português para juristas. 3.ed. Porto Alegre: Livraria do Advogado, 1996.

KASPARY, Adalberto J. **Português para profissionais atuais e futuros.** 23.ed. Porto Alegre: Edita, 2006.

LEDUR, Paulo Flávio. **Português prático.** 15.ed. Porto Alegre: AGE Editora, 2015.

LEDUR, Paulo Flávio. **Manual de redação oficial.** Porto Alegre: AGE Editora, 2015.

LEDUR, Paulo Flávio. **Os pecados da língua:** pequeno repertório de grandes erros de linguagem (edição unificada). Porto Alegre: AGE Editora, 2016.

LUFT, Celso Pedro. **Língua e Liberdade:** por uma nova concepção da língua materna. Porto Alegre: L&PM, 1985.

MORENO, Cláudio & MARTINS, Túlio. **Português para convencer:** comunicação e persuasão em Direito. São Paulo: Editora Ática, 2006.

ÍNDICE ALFABÉTICO

A

A / Há, 46
Absolutamente, 44
Abuso, quando o uso vira, 168
Acerca de / A cerca de, 46
Achacar, significado de, 68
Acordo, comum, 70
Acusar / Incriminar, 159
Adequar, pobre verbo, 133
A distância / À distância, 96
Adversário / Inimigo, 159
Afim / A fim, 46
Afora isso, 120
Alcunha / Apelido, 158
Além disso, 120
Algumas discordâncias, 77
Alimentos, poderá(ão) faltar, 78
Altas autoridades, 23
Alternativa, outra, 47
À medida que / Na medida em que, 47, 92
Amigo computador, meu (*muy*), 173
A nível de / Em nível de, 47
Ano novo / Ano-Novo, 143
Ante o / Diante do, 90
Ao invés de / Em vez de, 47
Aonde / Onde, 47
Aonde, onde e adjacências..., 117
Aparte / À parte, 48
A pedido / Apedido, 48
Apelido / Alcunha, 158

A posteriori / *A priori*, 33
A princípio / Em princípio, 38
Aspas, uso das, 101
As vezes / Às vezes, 96
Atenção ao significado, eis a solução, 59
Através de, 70
Aumenta gasolina, Petrobras, 44
Auxílio da fonologia na pontuação, 99
Avocar e *evocar*, a distância entre, 141

B

Bacilo, peste, vírus, bactéria, germe, 36
Bagé / Bajeense, 142
Bairro Centro?, 25
Baixo clero, 24
Bar que não é bar, 34
Bastante ou muito?, 30
Bem / Bom – Mal / Mau, 123
Bens de consumo durável(eis), 77
Bimensal / Bimestral, 48
Boa-fé / Má-fé, 137

C

Cacofonias, 178
  Amo ela, 179
  Boca dela, 180
  Empatada no placar e em patada no campo, 180
  Música gaúcha, 179
  Nosso hino, 179
  Por cada, 179

Cair / Formar-se, 159
Calafrios de um leitor, os, 169
Câmara dos Deputados e das Deputadas?, 64
Cargo / Função, 158
Carreira rápida(o), 77
Casos de imprecisão, 158
Causa mortis / Mortis causa, 56
Chatice dos chavões, 42
    Com certeza, 43
    Fazer colocações, 42
    Valeu, 42
    Vimos por meio deste, 42
Chaves, parênteses e colchetes, uso de, 102
Chavões, a chatice dos, 42
    Com certeza, 43
    Fazer colocações, 42
    Valeu, 42
    Vimos por meio deste, 42
Ciclone-bomba, com ou sem hífen?, 139
Cidade / Município, 158
Clareza, 151
Colchetes, parênteses e chaves, uso de, 102
Colocação do pronome oblíquo, 82
Colocar / Fazer colocações, 48
Comemorativas, iniciais maiúsculas em datas, 137
Como / Enquanto, 61
Como entender o regulamento do ICMS?, 25
Complemento verbal, pronome oblíquo na função de, 84
Computador, meu (*muy*) amigo, 173
Comum acordo, 70
Concerto / Conserto, 48
Concessão de desconto, 71
Concisão, 154
Concordância verbal, 75
Concordância verbal, ordem direta e, 79
Conexão, elementos de, 117
Consagração, expressões à beira da, 70
    Comum acordo, 70
    Concessão de desconto, 71
    Correr atrás do prejuízo, 71
Consequências do mau uso da língua, 73
Contra / Em face de, 28
Contradições e desvios, 38
    A Justiça tarda, mas não falha, 39
    Andar a passos largos, 39
    RSVP, 39
    Salvo melhor juízo, 38
Conviver juntos, 60
Coronavírus, grafia de, 146
Correr atrás do prejuízo, 71
Crase, casos que requerem atenção, 93
Crase, conceito de, 92
Crase, truques, 92
Cultivo das boas relações, sintaxe e o, 75

D

Dação / Doação, 34
Dar a luz / Dar à luz, 48
Datas comemorativas, iniciais maiúsculas em, 137
Deputados e das Deputadas?, Câmara dos, 64
Desapercebido / Despercebido, 49
Desconto, concessão de, 71
Descriminar / Descriminalizar / Discriminar, 49
Descuidos do poder público, 131
Desgaste de palavras e expressões, 170
Despejo, o verdadeiro sentido do, 24
Despender / Expender, 51
Dessa maneira, 120,
Dessarte / Destarte, 49, 120

Desvios e contradições, 38
    A Justiça tarda, mas não falha, 39
    Andar a passos largos, 39
    RSVP, 39
    Salvo melhor juízo, 38
Dia do Advogado, em torno do, 39
    Adevogado?, 40
        Advocacia ou advogacia?, 40
        Advogado ou advocado?, 40
Diante disso, 120
Diante do / Ante o, 90
Diante do / Diante o, 90
Dias úteis, 29
Difundido / Difuso, 49
Digamos assim, 168
Discordâncias, algumas, 77
Discriminar / Descriminar / Descriminalizar, 49
Dissimular / Simular, 49
Dito isso, 120
Diurno / Diário, 50
Doação / Dação, 34
Dois milhões (bilhões, trilhões...) ou duas milhões de vacinas?, 147
Dois-pontos, uso de, 103
Durável(eis), bens de consumo, 77

E

Eis que / Posto que, 71
Eis que / Vez que, 50
Ele / Mesmo, 52
Elementos de conexão, 117
Elidir / Ilidir, 50
Em defesa da linguagem simples, direta e objetiva, 161
Em desfavor, 27
Em face de / Contra, 28
Em face de / Face a / Face, 50
Em frente ao / Em frente o, 90
Em função disso, 120
Em meio ao / Em meio o, 90

Em nível de / A nível de, 47
Em princípio / A princípio, 38
Em torno do Dia do Advogado, 39
    Adevogado?, 40
    Advocacia ou advogacia?, 40
    Advogado ou advocado?, 40
Em vez de / Ao invés de, 47
Embaixo / Em cima, 50
Eminente / Iminente, 38
Emissoras de rádio, grafia dos números que identificam as, 148
Encerramento de frase, pontos de, 98
Ênclise, próclise e mesóclise, 82
Enquanto / Como, 61
Entretanto / No entretanto, 53
Entubar / Intubar, 41
Era uma vez..., 81
Ês, esa, isa / ez, eza, 148
Escreve direito, quando não se, 181
Estada / Estadia, 51
Estável, quadro de saúde, 43
Este / Esse / Aquele, 119
Estilo: a qualificação do texto, 151
Estrema / Estreme, 51
Evocar e *avocar*, a distância entre, 141
Evolução do significado, 15
    Acender, 16
    Embarcar, 16
    Escutar / Ouvir, 16
    Estrela, 16
    Ouvir / Escutar, 16
    Vilão, 16
Excessos do politicamente correto, 64
    Ascensorista, 64
    Denegrir, 64
    Doméstica, 64
    Judiar, 64
    Negro / Preto, 64
Exclamações, o poder das, 99
Expender / Despender, 51
Expressões à beira da consagração, 70

Através de, 70
Comum acordo, 70
Concessão de desconto, 71
Correr atrás do prejuízo, 71
Expressões estrangeiras, como lidar com palavras e, 125
Expressões, o desgaste de palavras e, 170
Expressões perigosas, palavras e, 46
Ez, eza / ês, esa, isa, 148

F

Face a / Face / Em face de, 50
Falar bonito sem dizer nada, como, 169
Falências do órgão, o número de, 43
Fazer colocações / Colocar, 48
Fazer no sentido de tempo, 78
Fazer, para mim (ou eu) fazer?, 79
Felizes férias, 143
Festas com grafia correta, 143
Ficto / Fingido, 51
Flagrado no volante, 60
Flexão nominal, 123
Flexão verbal, 129
Fonologia na pontuação, auxílio da, 99
Fora da pista, pare fora, 61
Formação do significado, 13
Forma escrita, os cuidados com a, 119
Formar-se / Cair, 159
Foro / Fórum, 51
Frase iniciando com pronome oblíquo?, 83
Frasona, nova prolixidade e nova, 165
Frasonas, os inconvenientes das, 163
Função / Cargo, 158
Futebol, a linguagem do, 171

G

Gasolina, Petrobras aumenta, 44
Geada / Neve, 159
Gênero, neutralização do, 66

Germe, bacilo, peste, vírus, bactéria, 36
Gostaria de convidar, de abraçar..., 57
Grafia correta, festas com, 143
Grafia de *coronavírus*, 146
Grafia, questões de, 135
Grandíssimo ou grandessíssimo?, 127
Guarda-sol / Guarda-sóis, 127

H

Hábeas / *Habeas corpus* / Hábeas-córpus, 51
Haja vista(o), 78
Haver no sentido de *existir* e *ocorrer*, 78
Hífen, as sutilezas do, 137
Hífen, com o sem? 138
Hífen: marca de significado, 20
    Bem-vindo, 21
    Dedo-duro, 20
    Primeira-dama, 20
    Primeiro-ministro, 20
    Puro-sangue, 21
    Segunda-feira, 21

I

ICMS, como entender o regulamento do, 25
Idiomas e as leis, os, 66
Igualdade de gênero e língua, 68
Ilidir / Elidir, 50
Imagine(m)-se as dificuldades, 79
Imprecisão, alguns casos de, 158
Inadequado / Inócuo, 159
Inclusiva, linguagem, 167
Inconformidade com a reforma ortográfica, 146
Inconteste / Incontestável, 26
Incriminar / Acusar, 159
Inédito, lançamento, 60
Infinitivo flexionado, 129
Infligir / Infringir, 52

Informação, o tamanho da, 43
Infringir / Infligir, 52
Iniciais maiúsculas, a questão das, 135
Iniciais maiúsculas em datas comemorativas, 137
Iniciais maiúsculas em funções do Judiciário, 136
Inimigo / Adversário, 159
Inobstante / Não obstante, 52
Inócuo / Inadequado, 159
Intimidade indevida, 76
Isso posto, 120

J

Judiciário, iniciais maiúsculas em funções do, 136
Juntos, conviver, 60
Jurídico, qualidades essenciais do texto, 151

L

Lançamento inédito, 60
Latente / Patente, 52
Lava-Jato, Operação, 21
Leis e os idiomas, as, 66
Leitor, os calafrios de um, 169
Língua, consequências do mau uso da, 73
Língua e igualdade de gênero, 68
Língua e machismo, 68
Linguagem do futebol, a, 171
Linguagem e racismo, 62
Linguagem inclusiva, 167
Linguagem simples, direta e objetiva, em defesa da, 161
Locuções, presença ou não de preposição em, 90
Locutores e locutoras, 65

M

Machismo e língua, 68

Má-fé / Boa-fé, 137
Magistrados, Vossa Excelência e os, 122
Maior das palavras, 144
Maiúsculas, a questão das iniciais, 135
Mal / Mau – Bem / Bom, 123
Mal leu, já entendeu, 152
Maricídio / Maricida / Marital, 52
Masculino como forma agenérica, 66
Masculino / Feminino, 66
Matricida / Parricida / Patricida, 53
Mau uso da língua, consequências do, 73
Meio, polissemia de, 30
Meios eletrônicos, o jeito de escrever nos, 172
Meritoriamente, 26
Mesmo / Ele, 52
Mesmo como pronome pessoal?, 121
Mesóclise, próclise e ênclise, 82
Morfologia: os cuidados com a forma escrita, 119
Morte?, risco de vida ou de, 58
Mortis causa / Causa mortis, 56
Muito ou bastante?, 30
Município / Cidade, 158
Município / Prefeitura, 158
Música clássica / Música erudita, 168

N

Na medida em que / À medida que, 47, 92
Não é sim, e vice-versa, quando, 59
Não obstante / Inobstante, 52
Nem e suas diversas funções, 61
Nem leu, já entendeu, 152
Nenhum / Nem um, 53
Neologismos virtuosos / viciosos, 44
    Apoiamento, 44
    Empresariar, 45
    Imorrível / Imortal, 46
Neutralização do gênero, 66

Neve / Geada, 159
No entretanto / Entretanto, 53
Núcleo do sujeito, a importância da identificação do, 81
Número de falências do órgão, 43

O

Objetividade, 153
Obra-prima, o desgaste de, 170
Obscuridade e prolixidade dos textos, 159
Olimpíada ou Olimpíadas?, 128
Onde / Aonde, 47
Onde, aonde e adjacências..., 117
Onde, uma praga a infestar a linguagem, 117
Operação Lava-Jato, 21
Óptico / Ótico, 53
Ordem direta, as vantagens da, 80
Ordem direta e concordância verbal, 79
Ordem dos fatores altera o produto, 19
Órgão, o número de falências do, 43
Ótico / Óptico, 53
Ou seja, 168
Outra alternativa, 47

P

Paciente ou réu?, 40
Palavras, a maior das, 144
Palavras e expressões estrangeiras, como lidar com, 125
Palavras e expressões, o desgaste de, 170
Palavras e expressões perigosas, 46
Paradoxos, pleonasmos e, 174
    Breve resenha, 175
    Breve síntese, 175
Paralimpíada / Paraolimpíada, 141
Pare fora da pista, 60
Parênteses, colchetes e chaves, uso de, 102

Parricida / Matricida / Patricida, 53
Pasmo / Pasmado, 53
Patente / Latente, 52
Patricida / Matricida / Parricida, 53
Paz com o português, em, 124
Pegado / Pego, 54
Pequenez / Pequinês, 148
Perante o / Perante ao, 90
Pesado, trânsito, 60
Pessoa humana, 29
Peste, vírus, bactéria, germe, bacilo, 36
Petrobras aumenta gasolina, 44
Pista, pare fora da, 60
Pleonasmos e paradoxos, 174
    Breve síntese, 175
    Breve resenha, 175
Poder das exclamações, 99
Poder público, descuidos do, 131
Poderá(ão) faltar alimentos, 78
Polissemia de *meio*, 30
Politicamente correto, excessos do, 64
    Ascensorista, 64
    Denegrir, 64
    Doméstica, 64
    Judiar, 64
    Negro / Preto, 64
Ponto de exclamação, uso do, 98
Ponto de interrogação, uso do, 98
Ponto e vírgula, uso do, 115
Ponto e vírgula, o misterioso, 114
Ponto-final, uso do, 98
Pontos de encerramento de frase, 98
Pontuação, auxílio da fonologia na, 99
Pontuação e significado, 112
Pontuação, importância e perigos da, 97
Pontuação, sinais internos da, 100
Por isso, 120
Português brasileiro *versus* português de Portugal, 147
Português, em paz com o, 124
Possuir, o uso correto do verbo, 31

Posto que / Eis que, 71
Precisão, 17, 26, 32, 43-44, 59, 60, 62, 93, 140, 151, 156-159, 173
Prefeitura / Município, 158
Preferência pelo tempo presente, 74
Prejuízo, correr atrás do, 71
Preposição em locuções, presença ou não de, 90
Presente, a preferência pelo tempo, 74
Presidenta / Presidente, 66
Próclise, ênclise e mesóclise, 82
Produto, a ordem dos fatores altera o, 19
Prolixidade e obscuridade dos textos, 159
Pronome oblíquo, colocação do, 82
Pronome oblíquo?, frase iniciando com, 83
Pronome oblíquo na função de complemento verbal, 84
Pronome possessivo, concordância com o pronome de tratamento, 76
Pronome reflexivo, o maltratado, 132
Pronomes de tratamento, concordância com o pronome possessivo, 76

Q
Quadro de saúde estável, 43
Qualificação do texto, 151
Quando não é sim, e vice-versa, 59
Quando não se escreve direito, 181
Quarentena de 14 dias?, 35
Questões de grafia, 135

R
Racismo e linguagem, 62
Rádio, grafia dos números que identificam as emissoras de, 148
Rápida(o), carreira, 77

Ratificação / Retificação / Rerratificação, 54
Redundâncias, o mal das, 176
   Afirmar dizendo, 177
   Caco feio, 177
   Caligrafia correta, 177
   Elo de ligação, 177
   Pandemia no mundo inteiro, 176
   Prisão domiciliar em casa, 176
   Pronto atendimento rápido, 177
   Temperaturas negativas abaixo de zero, 177
   Viúva do falecido, 177
Reforma ortográfica, inconformidade com a, 146
Regência verbal, 85
   Aspirar, 85
   Assistir, 85
   Avisar, 85
   Certificar, 85
   Comparecer, 86
   Comunicar, 85
   Constar, 86
   Convidar, 86
   Corroborar, 86
   Desobedecer / Obedecer, 87
   Estabelecer(-se), 87
   Implicar, 86
   Incumbir, 85
   Informar, 85
   Lembrar, 85
   Morar, 87
   Notificar, 85
   Obedecer / Desobedecer, 87
   Oficiar, 87
   Perdoar, 87
   Perguntar / Responder, 88
   Proceder, 88
   Proibir, 85
   Querer, 88
   Residir, 87

Responder / Perguntar, 88
Servir, 88
Sito, 87
Situar(-se), 87
Solicitar, 89
Suceder, 89
Visar, 89
Região, uso abusivo de, 169
Regulamento do ICMS, como entender o, 25
Relações, sintaxe e o cultivo das boas, 75
Relegar, 54
Remição / Remissão, 54
Remitido / Remisso, 54
Repercutir, o verdadeiro significado de, 32
Rerratificação / Retificação / Ratificação, 54
Reserva mental ou simulação unilateral?, 22
Resolveu(eram) essas dúvidas, 79
Reticências, uso das, 98
Retificação / Ratificação / Rerratificação, 54
Retorção / Retorsão, 55
Réu ou paciente?, 40
Réveillon, 144
Risco de vida ou de morte?, 58

S

Saque / Saqueio, 159
Saúde estável, quadro de, 43
Se fatos novos não ocorrer(em), 80
Seminovos / Usados, 158
Senão / Se não, 55
Servidores e servidoras, 65
Significado, a formação do, 13
Significado, a evolução do, 15
    Acender, 16
    Embarcar, 16

Escutar / Ouvir, 16
Estrela, 16
Ouvir / Escutar, 16
Vilão, 16
Significado, as sutilezas do, 17
    Achar, 18
    Cortar, 19
    Dar, 19
    Dizer, falar, afirmar, informar, 17
    Legal, 18
    Luz / lâmpada, 19
    Mandachuva, 18
    Mandar / Enviar, 17
    Secar, 18
Significado, atenção ao, eis a solução, 59
Significado de *achacar,* 68
Significado de *repercutir,* o verdadeiro, 32
Significado e pontuação, 112
Significado, sua excelência o, 13
Sim, e vice-versa, quando não é, 59
Simulação unilateral ou reserva mental?, 22
Simular / Dissimular, 49
Sinais internos da pontuação, 100
Sintaxe e o cultivo das boas relações, 75
Só(s), 78
Sob / Sobre, 55
Sobrou(aram) duas toneladas de alimentos, 79
Sociolinguística, 15
Sua excelência o significado, 13
Sujeito, a importância da identificação do núcleo do, 81
Sutilezas do hífen, 137
Sutilezas do significado, 17
    Achar, 18
    Cortar, 19
    Dar, 19
    Dizer, falar, afirmar, informar, 17

Legal, 18
Luz / lâmpada, 19
Mandachuva, 18
Mandar / Enviar, 17
Secar, 18

T

Tachar / Taxar, 55
Talvez e o tempo verbal, 61
Tamanho da informação, 43
Tampouco / Tão pouco, 55
Taxar / Tachar, 55
Tempo presente, a preferência pelo, 74
Texto, a qualificação do, 151
Texto jurídico, qualidades essenciais do, 151
Textos, obscuridade e prolixidade dos, 159
Todo / Todo o, 56
Todos e todas, 65, 167
Trânsito pesado, 60
Travessão e hífen, diferenças entre, 100
Travessão, uso do, 100
Tu / Você, 75

U

Um / uma, cuidado no uso de, 166
Um / uma, risco de ambiguidade no uso de, 166
Urgente, o desgaste de, 171
Usados / Seminovos, 158

Uso correto do verbo *possuir*, 31
Uso vira abuso, quando o, 168

V

Vantagens da ordem direta, 80
Verbal, concordância, 75
Verbo *possuir*, o uso correto do, 31
Verbos defectivos, 133
Verdadeiro sentido do despejo, 24
Verdadeiro significado de *repercutir*, 32
Vez que / Eis que, 50
Viagem / Viajem, 145
Vida ou de morte?, risco de, 58
Vírgula antes de "etc.", 114
Vírgula, campanha da ABI sobre a, 104
Vírgula de elipse, 110
Vírgula, funções da, 105
    Marcar deslocamento, 105
    Marcar isolamento, 106
    Marcar vocativo, 108
Vírgula, pequeno gigante, 103
Virtuosos / viciosos, neologismos, 44
    Apoiamento, 44
    Empresariar, 45
    Imorrível / Imortal, 46
Vírus, bactéria, germe, bacilo, peste, 36
Vista / Vistas, 56
Vista(o), haja, 78
Você/ Tu, 75
Volante, flagrado no, 60
Vossa Excelência e os magistrados, 122

ÍNDICE ONOMÁSTICO

A
Adalberto Kaspary, 26, 134
Alexandre Pasqualini, 159
Antônio Luiz Almada Prestes, 124
Antonio Silvestri, 18, 83, 132, 169
Aparício Torelly (Barão de Itararé), 59
Aristóteles, 182

B
Barão de Itararé (Aparício Torelly), 59
Benedito Silva, 116
Bruno Philippi, 135

C
Carlos Alberto Bencke, 42, 72
Catilina, 24
Celso Tadeu Noschang, 66, 114
Charles Jacob Giacomini, 161
Christa Wanke, 146
Cláudio Moreno, 165
Confúcio, 97

D
Dilma Roussef, 66, 76

E
Edson Oliveira, 114
Eduardo Leite, 76
Elmo Nélio Moreira, 57
Ernest Hemingway, 155
Evanildo Bechara, 45

F
Fernando Augusto Silveira Alves, 131
Francisco Pinto da Fontoura, 63

G
Guilherme da Rocha Zambrano, 68

H
Hamilton Périco Zabaletta, 127
Heráclito, 103
Hugo Schirmer, 147

I
Ingrid Birnfeld, 117
Irineu Mariani, 25, 27, 28, 41, 45, 57, 58, 175

J
Jair Bolsonaro, 76
Jefferson Alves, 137
Joabel Pereira, 38, 123
José Augusto de Mello Nogueira, 81
José Maria Quadros de Alencar, 160
José Mario De Boni, 180
José Saramago, 98
Juliné da Costa Siqueira, 184

L
La Fontaine, 176
Leeuwenhoeck, 36
Luis Fernando Verissimo, 114

Luis Pasteur, 37
Luiz de Camões, 178

M

Machado de Assis, 103, 179
Maestro Mendanha, 63
Marcelo Elias Matos e Oka, 186
Marco Antonio Birnfeld, 17, 44, 96, 117, 144, 148, 162
Marcos Josegrei da Silva, 69
Marco Túlio Cícero, 24
Mario Quintana, 27, 167
Monteiro Lobato, 63

N

Naji Nahas, 24

P

Paula Beck Bohn, 69
Paulo Américo de Andrade, 28
Plínio Baú, 41
Porfírio, 182

R

Regina Moraes Regius, 173

Reginaldo Lopes, 64
Renato José de Lima, 73
Ricardo Fernando Franceschi, 138
Roberto Carlos, 175
Rogério Magri, 46
Rogério Teixeira Brodbeck, 142, 147, 166
Rogério Viola Coelho, 137
Rudolf Flesch, 164
Ruy Barbosa, 103, 161

S

Sérgio Nogueira, 67
Sergio Siqueira, 184
Shakespeare, 57

T

Tancredo Neves, 76
Thomaz Thompson Flores Neto, 41
Túlio Martins, 165

V

Vinicius de Moraes, 72